LIBRETA DE COSTURA

para anotar medidas
y bocetar tus proyectos

Con guía ilustrativa para la toma de medidas

Isabel Arenas García

ISBN: 9798397836258

GUÍA ILUSTRATIVA

PARA LA TOMA DE MEDIDAS

Pargo talle espalda

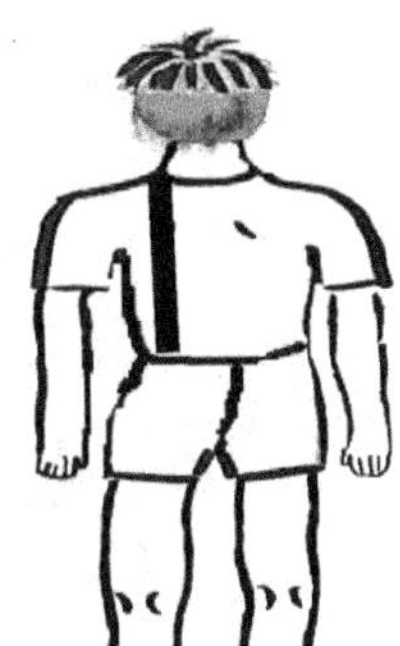

Largo talle delante

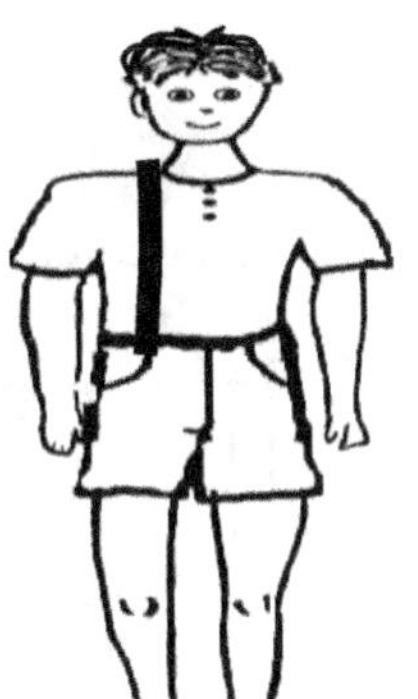

Ancho de espalda

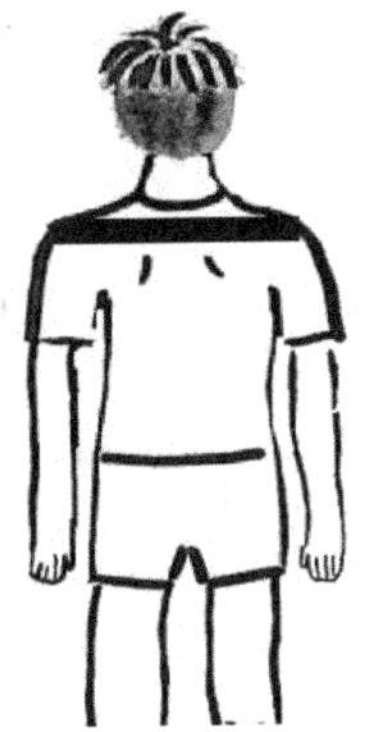

Costado

Largo de sisa

Contorno de pecho

Largo de hombro

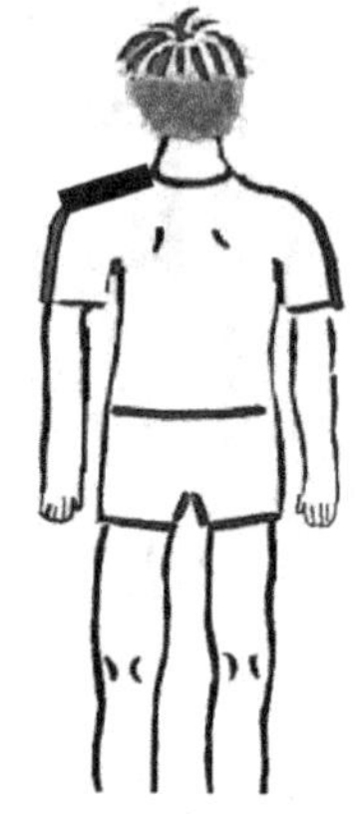

Contorno de cintura

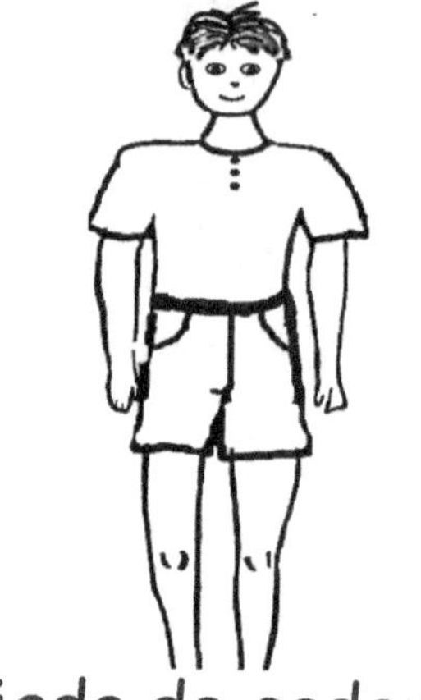

Contorno de cadera

Bajada de cadera

Caída de pecho

Distancia entre pechos

Contorno de cuello

Largo codo y brazo

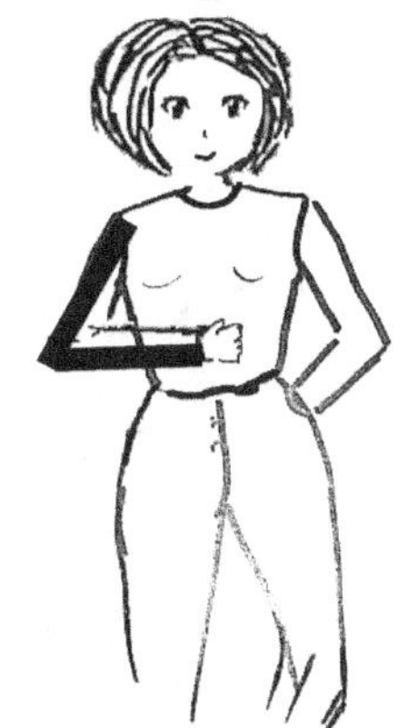

Contorno brazo y muñeca

Largo de tiro

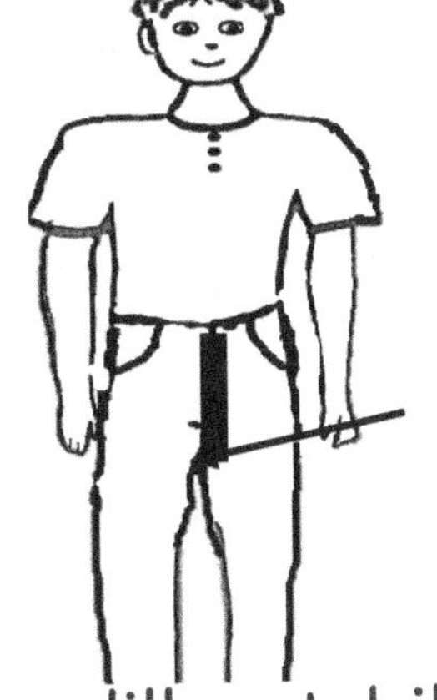

Vuelta de tiro

Largo rodilla y tobillo

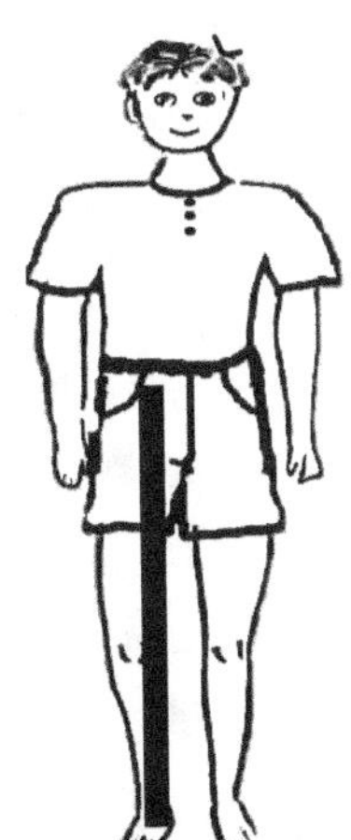

<u>Largo rodilla y tobillo</u>

<u>Costura interior pantalón</u>

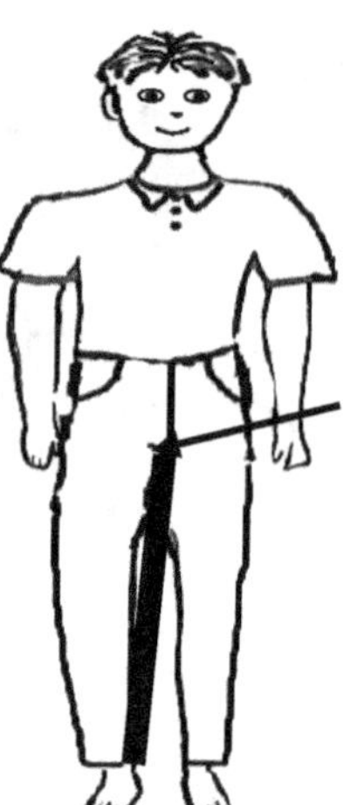

<u>BOCETA LOS PROYECTOS</u>

<u>Y ANOTA LAS MEDIDAS</u>

<u>DE TUS CLIENTTES</u>

BOCETO DEL PROYECTO ✎

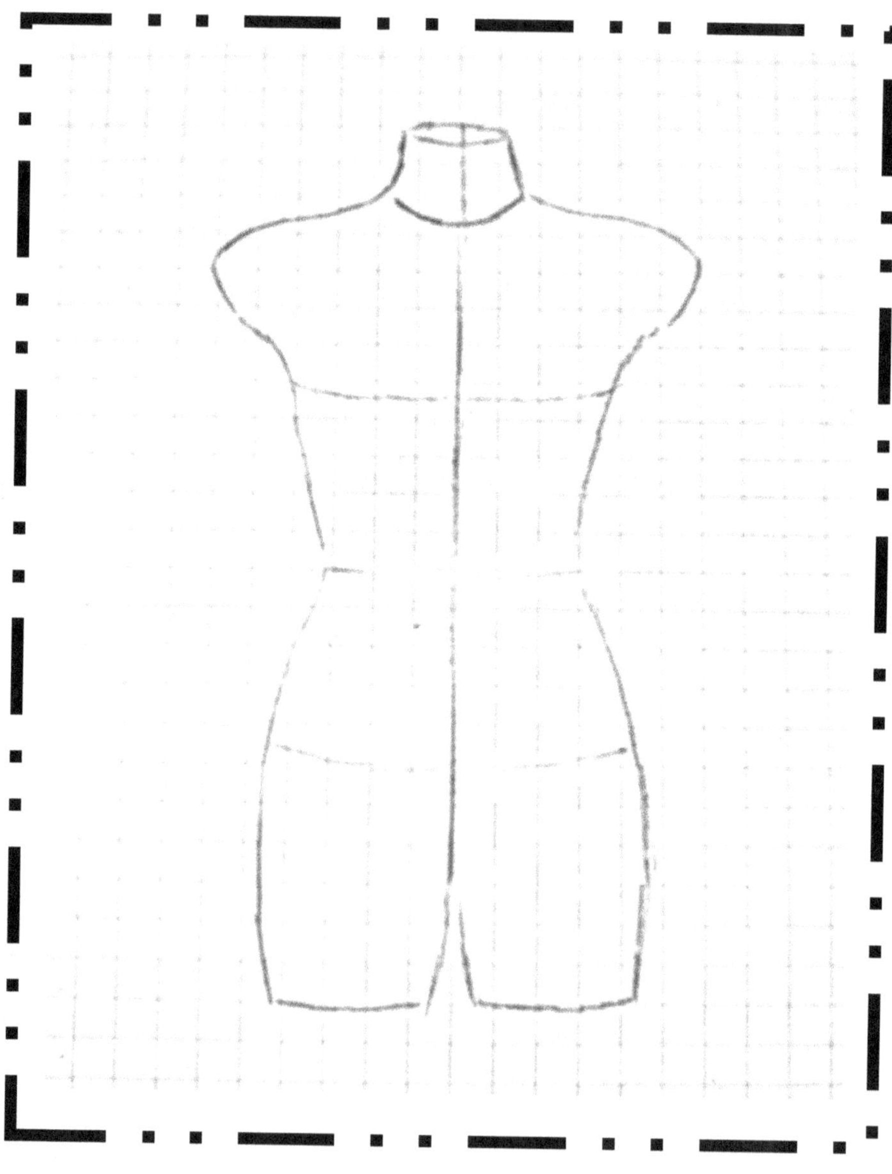

Nombre..

MEDIDAS DE CUERPO

Medidas unisex:

Largo talle espalda ....
Largo talle delantero.......
Ancho de espalda............ ½ ....
Costado...........................
Largo de sisa ....
Contorno de pecho.......... ¼ ....
Largo de hombro............
Contorno de cintura........ ¼ ....
Contorno de cadera......... ¼ ....
Bajada de cadera..............

Exclusivas de mujer:

Caída del pecho ....
Distancia entre pechos.... ½ .....

Medida de comprobación:

Cuello .... ½ .....
Largo de escote ....

Largura de la prenda......

MEDIDAS DE FALDA

Contorno de cintura........ ¼
Contorno de cadera......... ½ .....¼

....
Bajada de cadera ....

Largura deseada de la falda

MEDIDAS DE MANGA

Largo de brazo ....
Largo de codo ....
Contorno de brazo .... ½
Contorno de muñeca ...... ½
Largura deseada de la manga

MEDIDAS DE PANTALÓN

Contorno de cintura .... ¼.....
Contorno de cadera .... ¼..... $\frac{1}{25}$

....
Bajada de cadera ....
Largo de tiro ....
Vuelta de tiro..................
Largo hasta rodilla...........
Largo hasta tobillo...........
Ancho de rodilla .... ¼.....
Ancho de tobillo .... ¼.....

Medida de comprobación:

Largo costura interior .....

Largura deseada del pantalón

BOCETO DEL PROYECTO

Nombre. . . . .

MEDIDAS DE CUERPO

Medidas unisex:

Largo talle espalda ....
Largo talle delantero.......
Ancho de espalda .... ½ ....
Costado...........................
Largo de sisa ....
Contorno de pecho........... ¼ ....
Largo de hombro.............
Contorno de cintura........ ¼ ....
Contorno de cadera......... ¼ ....
Bajada de cadera.............

Exclusivas de mujer:

Caída del pecho ....
Distancia entre pechos.... ½ .....

Medida de comprobación:

Cuello .... ½ .....
Largo de escote ....

Largura de la prenda......

MEDIDAS DE FALDA

Contorno de cintura........ ¼
Contorno de cadera......... ½ .....¼

....
Bajada de cadera ....

Largura deseada de la falda

MEDIDAS DE MANGA

Largo de brazo ....
Largo de codo ....
Contorno de brazo .... ½
Contorno de muñeca ...... ½
Largura deseada de la manga

MEDIDAS DE PANTALÓN

Contorno de cintura .... ¼.....
Contorno de cadera......... ¼..... ¹⁄₂₅

....
Bajada de cadera ....
Largo de tiro....................
Vuelta de tiro...................
Largo hasta rodilla...........
Largo hasta tobillo...........
Ancho de rodilla .... ¼.....
Ancho de tobillo .... ¼.....

Medida de comprobación:

Largo costura interior .....

Largura deseada del pantalón

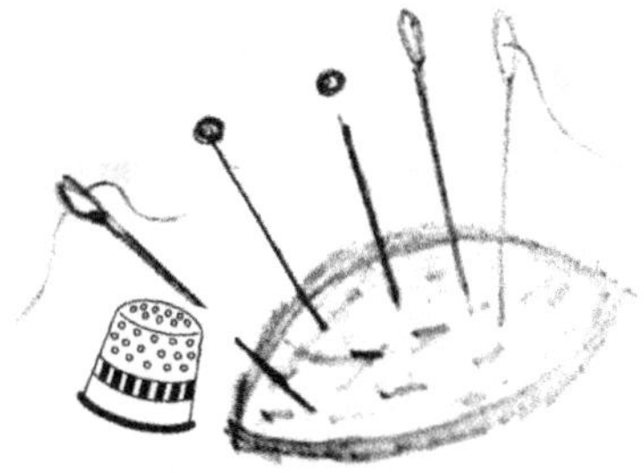

BOCETO DEL PROYECTO ✏️

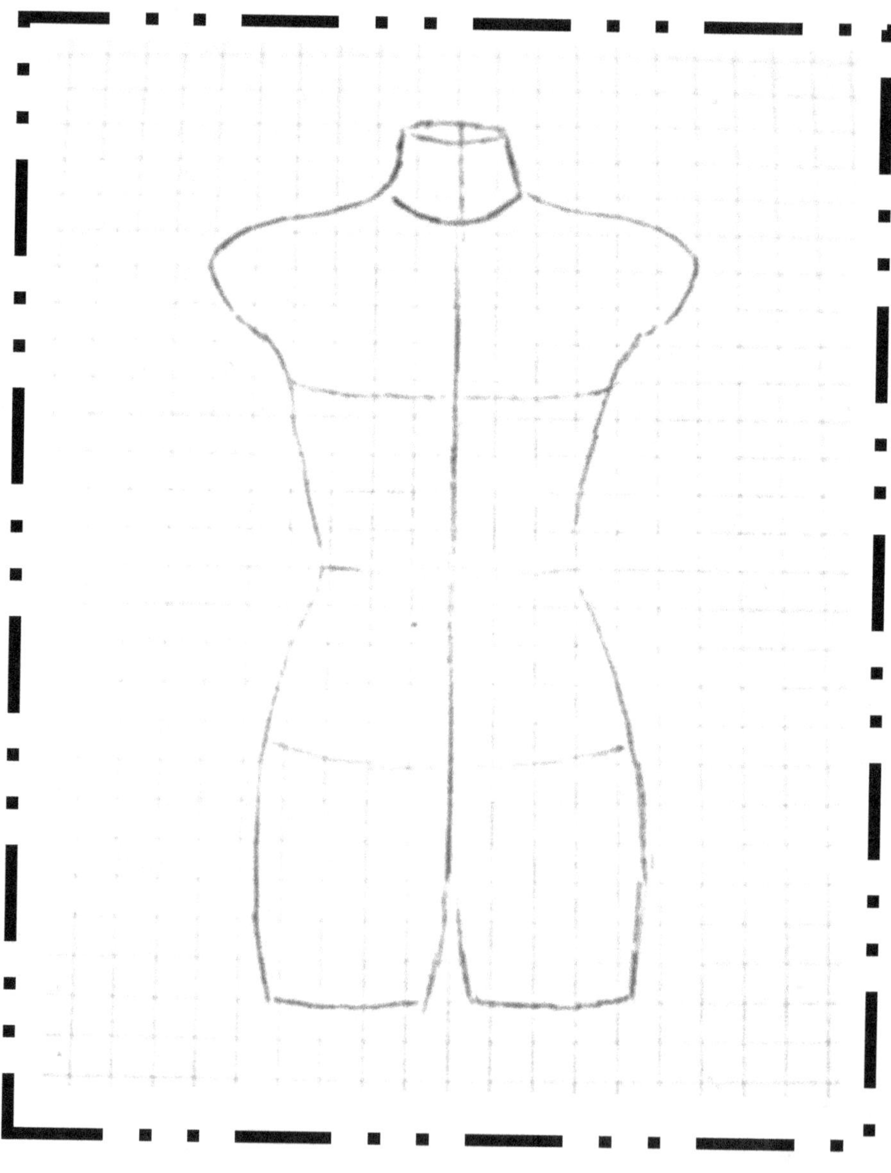

Nombre...

MEDIDAS DE CUERPO

Medidas unisex:

Largo talle espalda ....
Largo talle delantero.......
Ancho de espalda............ ½ ....
Costado..........................
Largo de sisa ....
Contorno de pecho.......... ¼ ....
Largo de hombro............
Contorno de cintura........ ¼ ....
Contorno de cadera......... ¼ ....
Bajada de cadera.............

Exclusivas de mujer:

Caída del pecho ....
Distancia entre pechos.... ½ .....

Medida de comprobación:

Cuello .... ½ .....
Largo de escote ....

Largura de la prenda......

MEDIDAS DE FALDA

Contorno de cintura........ ¼
Contorno de cadera......... ½ .....¼
....
Bajada de cadera ....

Largura deseada de la falda

MEDIDAS DE MANGA

Largo de brazo ....
Largo de codo ....
Contorno de brazo .... ½
Contorno de muñeca ...... ½
Largura deseada de la manga

MEDIDAS DE PANTALÓN

Contorno de cintura .... ¼.....
Contorno de cadera .... ¼..... ½₂₅
....
Bajada de cadera ....
Largo de tiro...................
Vuelta de tiro.................
Largo hasta rodilla..........
Largo hasta tobillo..........
Ancho de rodilla .... ¼.....
Ancho de tobillo .... ¼.....

Medida de comprobación:

Largo costura interior .....

Largura deseada del pantalón

BOCETO DEL PROYECTO

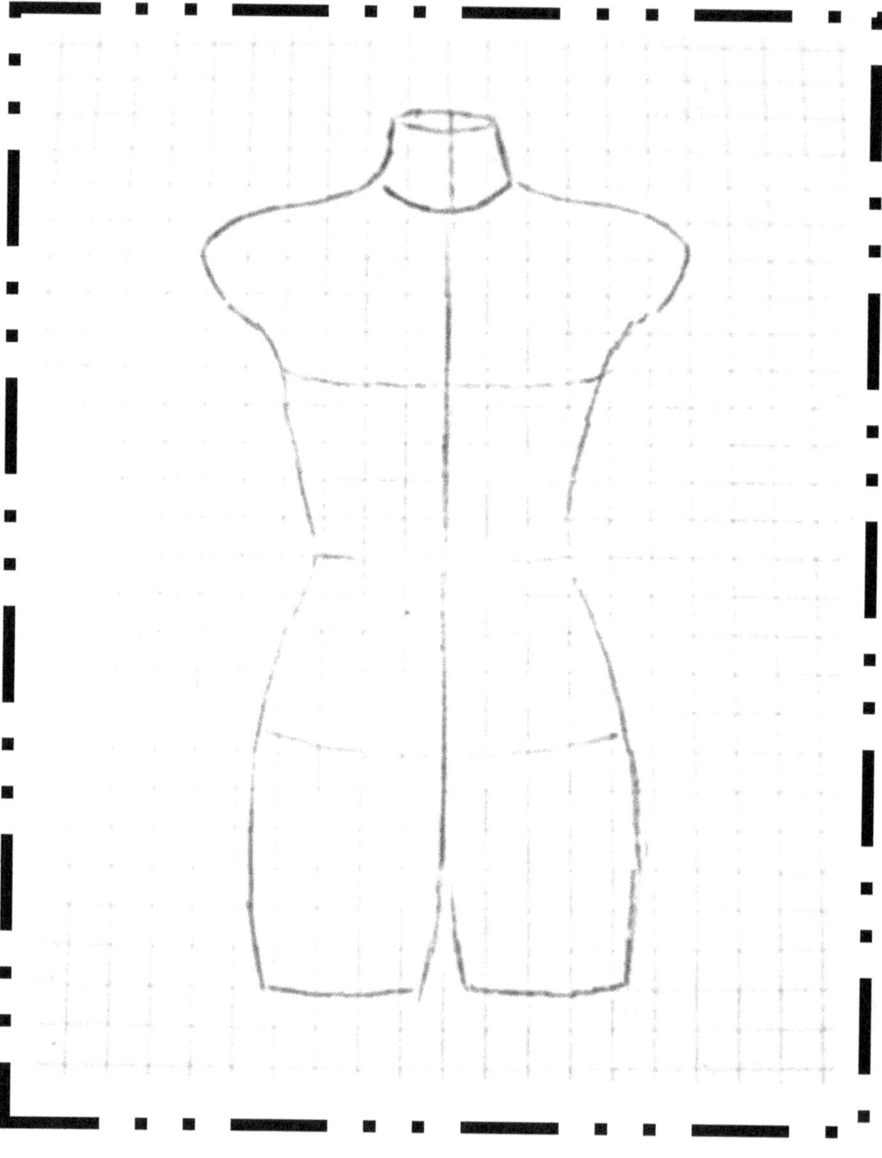

MEDIDAS DE CUERPO

Medidas unisex:

Largo talle espalda ....
Largo talle delantero.......
Ancho de espalda .... ½ ....
Costado............................
Largo de sisa ....
Contorno de pecho.......... ¼ ....
Largo de hombro............
Contorno de cintura........ ¼ ....
Contorno de cadera......... ¼ ....
Bajada de cadera.............

Exclusivas de mujer:

Caída del pecho ....
Distancia entre pechos.... ½ .....

Medida de comprobación:

Cuello .... ½ .....
Largo de escote ....

Largura de la prenda......

MEDIDAS DE MANGA

Largo de brazo ....
Largo de codo ....
Contorno de brazo .... ½
Contorno de muñeca ...... ½
Largura deseada de la manga

MEDIDAS DE PANTALÓN

Contorno de cintura .... ¼.....
Contorno de cadera .... ¼..... ¹⁄₂₅
....
Bajada de cadera ....
Largo de tiro.....................
Vuelta de tiro...................
Largo hasta rodilla...........
Largo hasta tobillo...........
Ancho de rodilla .... ¼.....
Ancho de tobillo .... ¼.....

Medida de comprobación:

Largo costura interior .....

Largura deseada del pantalón

MEDIDAS DE FALDA

Contorno de cintura........ ¼
Contorno de cadera......... ½ .....¼
....
Bajada de cadera ....

Largura deseada de la falda

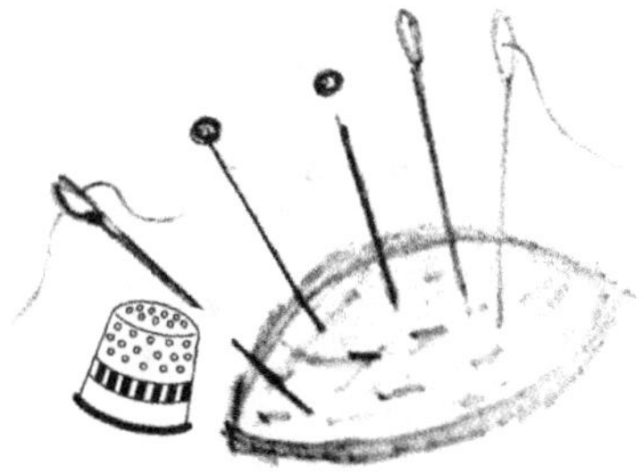

BOCETO DEL PROYECTO ✏️

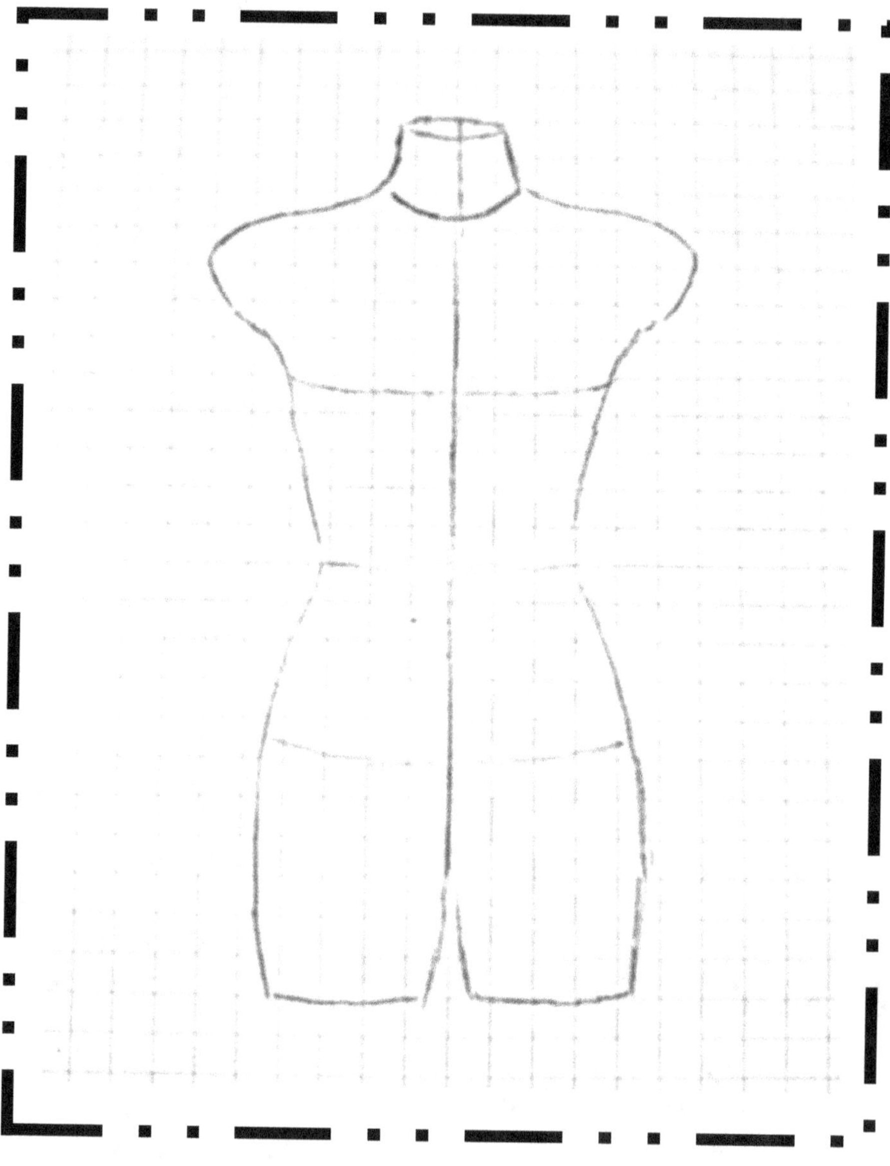

Nombre . . . .

MEDIDAS DE CUERPO

Medidas unisex:

Largo talle espalda ....
Largo talle delantero.......
Ancho de espalda............ ½ ....
Costado...........................
Largo de sisa ....
Contorno de pecho.......... ¼ ....
Largo de hombro.............
Contorno de cintura........ ¼ ....
Contorno de cadera......... ¼ ....
Bajada de cadera..............

Exclusivas de mujer:

Caída del pecho ....
Distancia entre pechos.... ½ .....

Medida de comprobación:

Cuello .... ½ .....
Largo de escote ....

Largura de la prenda......

MEDIDAS DE FALDA

Contorno de cintura........ ¼
Contorno de cadera......... ½ .....¼

....
Bajada de cadera ....

Largura deseada de la falda

MEDIDAS DE MANGA

Largo de brazo ....
Largo de codo ....
Contorno de brazo .... ½
Contorno de muñeca ...... ½
Largura deseada de la manga

MEDIDAS DE PANTALÓN

Contorno de cintura .... ¼.....
Contorno de cadera .... ¼..... ¹⁄₂₅

....
Bajada de cadera ....
Largo de tiro....................
Vuelta de tiro..................
Largo hasta rodilla...........
Largo hasta tobillo...........
Ancho de rodilla .... ¼.....
Ancho de tobillo .... ¼.....

Medida de comprobación:

Largo costura interior .....

Largura deseada del pantalón

BOCETO DEL PROYECTO ✏️

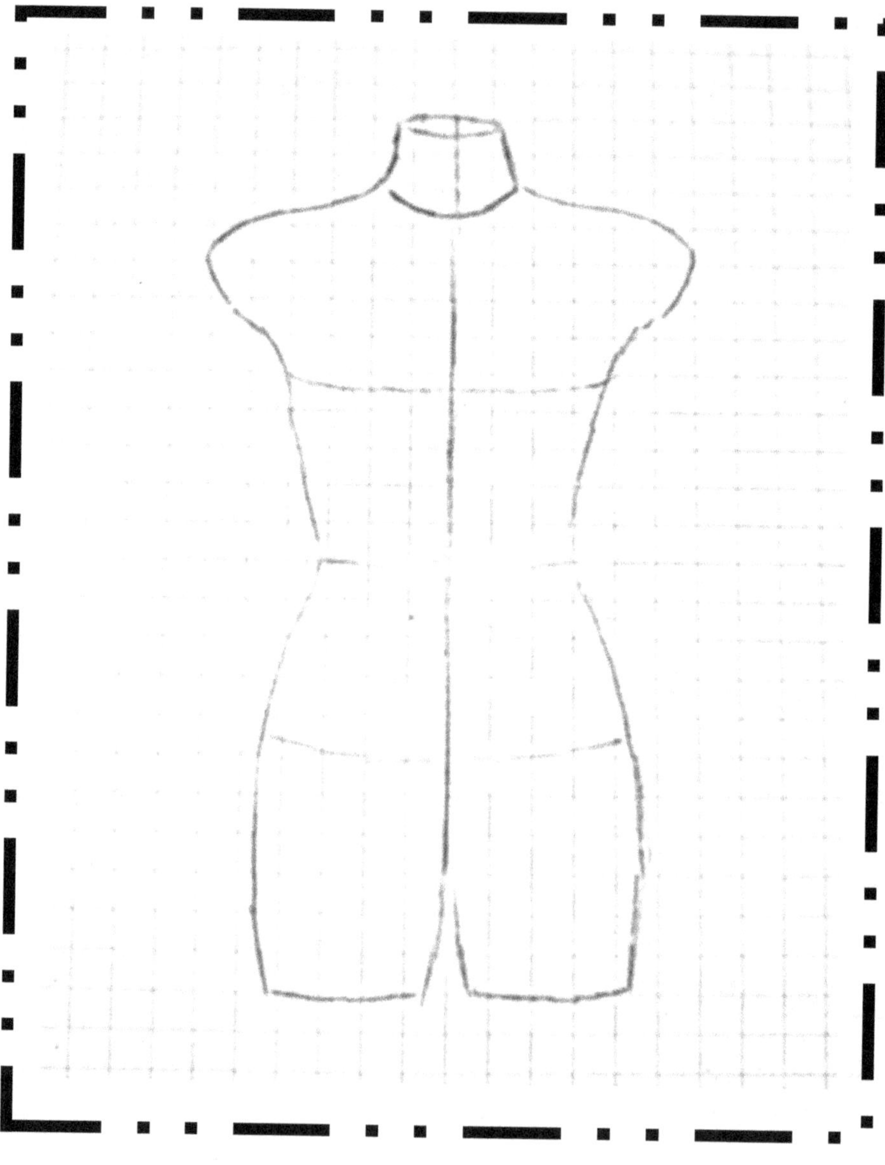

Nombre . . . .

MEDIDAS DE CUERPO

Medidas unisex:

Largo talle espalda ....
Largo talle delantero.......
Ancho de espalda .... ½ ....
Costado ....
Largo de sisa ....
Contorno de pecho.......... ¼ ....
Largo de hombro.............
Contorno de cintura........ ¼ ....
Contorno de cadera......... ¼ ....
Bajada de cadera.............

Exclusivas de mujer:

Caída del pecho ....
Distancia entre pechos.... ½ .....

Medida de comprobación:

Cuello .... ½ .....
Largo de escote ....

Largura de la prenda......

MEDIDAS DE FALDA

Contorno de cintura........ ¼
Contorno de cadera......... ½ .....¼

....
Bajada de cadera ....

Largura deseada de la falda

MEDIDAS DE MANGA

Largo de brazo ....
Largo de codo ....
Contorno de brazo .... ½
Contorno de muñeca ...... ½
Largura deseada de la manga

MEDIDAS DE PANTALÓN

Contorno de cintura .... ¼.....
Contorno de cadera .... ¼..... ¹⁄₂₅

....
Bajada de cadera ....
Largo de tiro....................
Vuelta de tiro...................
Largo hasta rodilla...........
Largo hasta tobillo...........
Ancho de rodilla .... ¼.....
Ancho de tobillo .... ¼.....

Medida de comprobación:

Largo costura interior .....

Largura deseada del pantalón

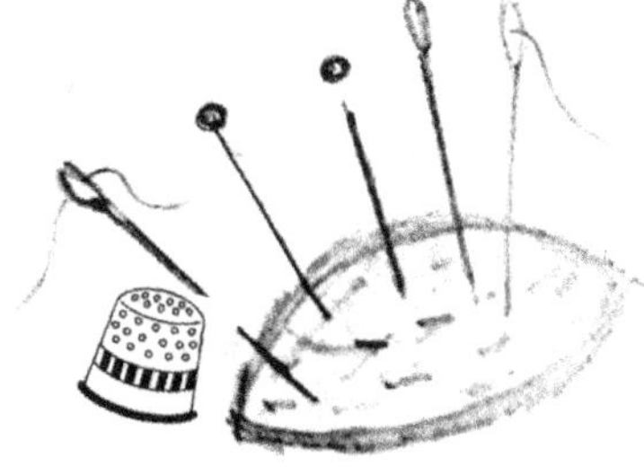

BOCETO DEL PROYECTO ✏

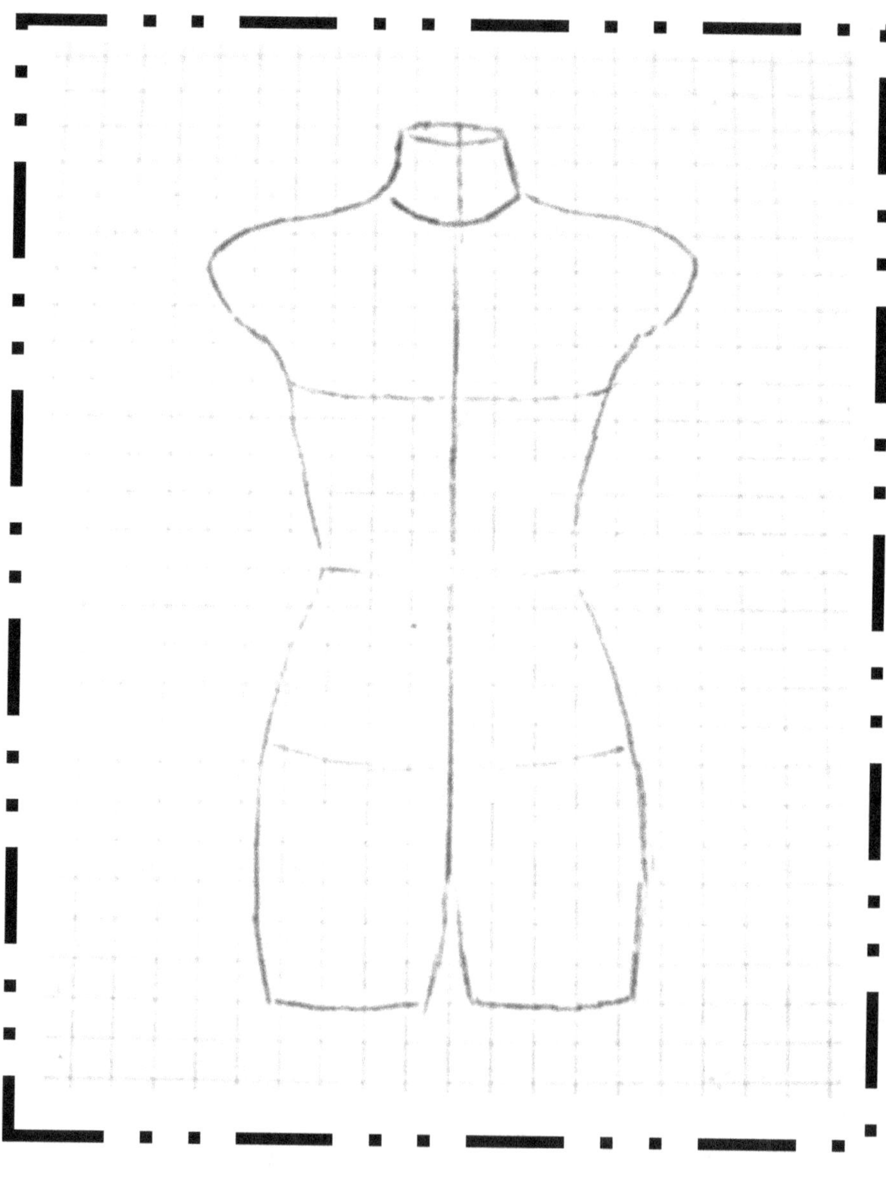

Nombre . . . .

MEDIDAS DE CUERPO

Medidas unisex:

Largo talle espalda ....
Largo talle delantero ....
Ancho de espalda .... ½ ....
Costado ....
Largo de sisa ....
Contorno de pecho .... ¼ ....
Largo de hombro ....
Contorno de cintura .... ¼ ....
Contorno de cadera .... ¼ ....
Bajada de cadera ....

Exclusivas de mujer:

Caída del pecho ....
Distancia entre pechos .... ½ .....

Medida de comprobación:

Cuello .... ½ .....
Largo de escote ....

Largura de la prenda ......

MEDIDAS DE FALDA

Contorno de cintura .... ¼
Contorno de cadera .... ½ ......¼

....

Bajada de cadera ....

Largura deseada de la falda

MEDIDAS DE MANGA

Largo de brazo ....
Largo de codo ....
Contorno de brazo .... ½
Contorno de muñeca ...... ½
Largura deseada de la manga

MEDIDAS DE PANTALÓN

Contorno de cintura .... ¼ .....
Contorno de cadera .... ¼ ½25

....

Bajada de cadera ....
Largo de tiro ....
Vuelta de tiro ....
Largo hasta rodilla ....
Largo hasta tobillo ....
Ancho de rodilla .... ¼ .....
Ancho de tobillo .... ¼ .....

Medida de comprobación:

Largo costura interior .....

Largura deseada del pantalón

BOCETO DEL PROYECTO ✏

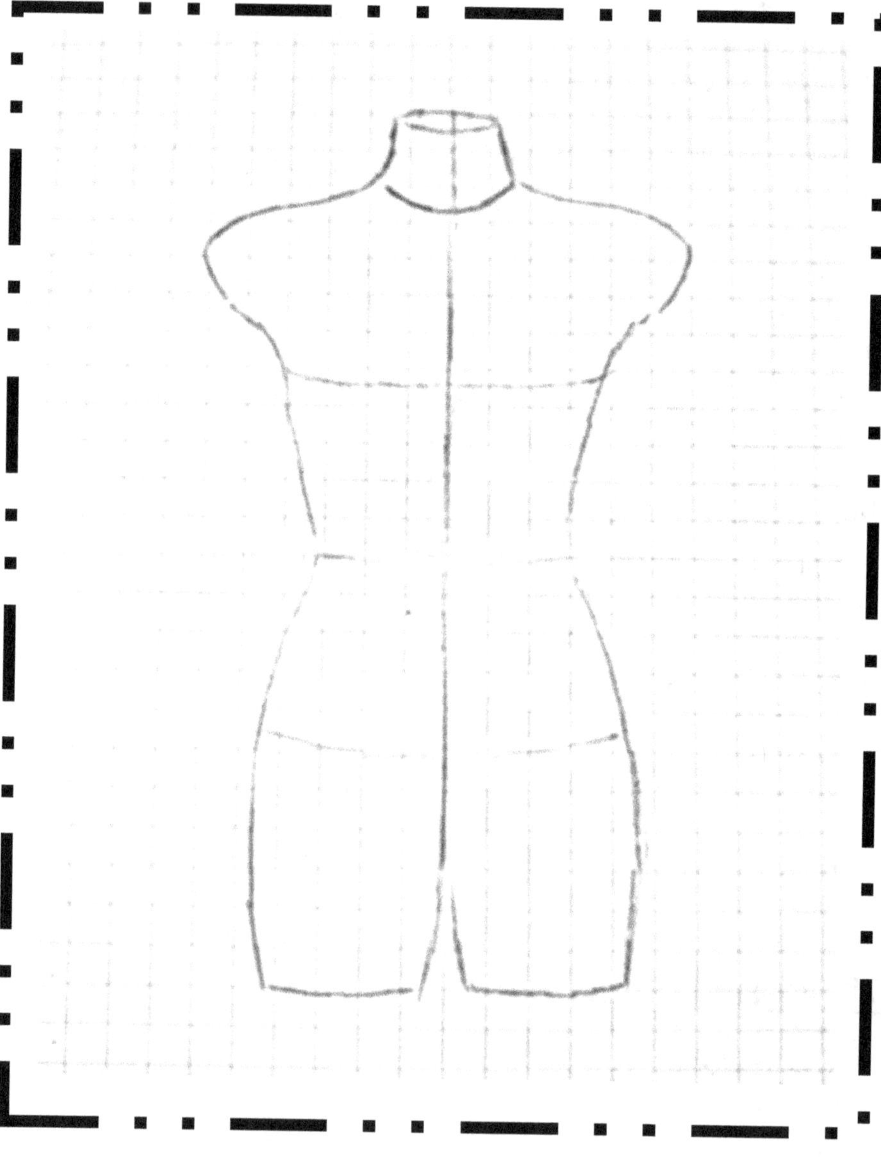

Nombre...

MEDIDAS DE CUERPO

Medidas unisex:

Largo talle espalda ....
Largo talle delantero.......
Ancho de espalda .... ½ ....
Costado ....
Largo de sisa ....
Contorno de pecho.......... ¼ ....
Largo de hombro.............
Contorno de cintura........ ¼ ....
Contorno de cadera......... ¼ ....
Bajada de cadera..............

Exclusivas de mujer:

Caída del pecho ....
Distancia entre pechos.... ½ .....

Medida de comprobación:

Cuello .... ½ .....
Largo de escote ....

Largura de la prenda......

MEDIDAS DE FALDA

Contorno de cintura........ ¼
Contorno de cadera......... ½ .....¼

....

Bajada de cadera ....

Largura deseada de la falda

MEDIDAS DE MANGA

Largo de brazo ....
Largo de codo ....
Contorno de brazo .... ½
Contorno de muñeca ...... ½
Largura deseada de la manga

MEDIDAS DE PANTALÓN

Contorno de cintura .... ¼.....
Contorno de cadera .... ¼..... ¹⁄₂₅

....

Bajada de cadera ....
Largo de tiro....................
Vuelta de tiro...................
Largo hasta rodilla...........
Largo hasta tobillo...........
Ancho de rodilla .... ¼.....
Ancho de tobillo .... ¼.....

Medida de comprobación:

Largo costura interior .....

Largura deseada del pantalón

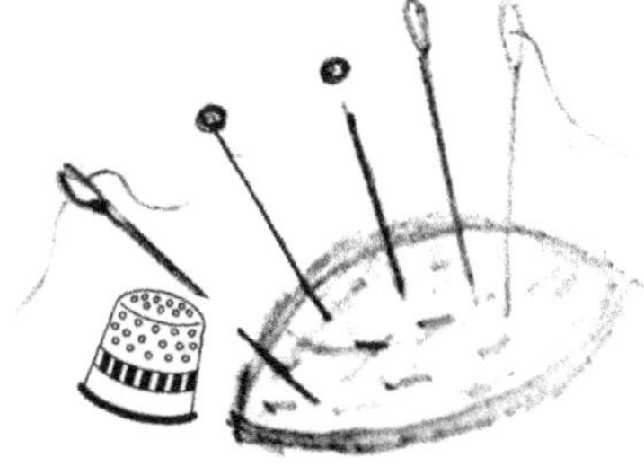

BOCETO DEL PROYECTO ✏️

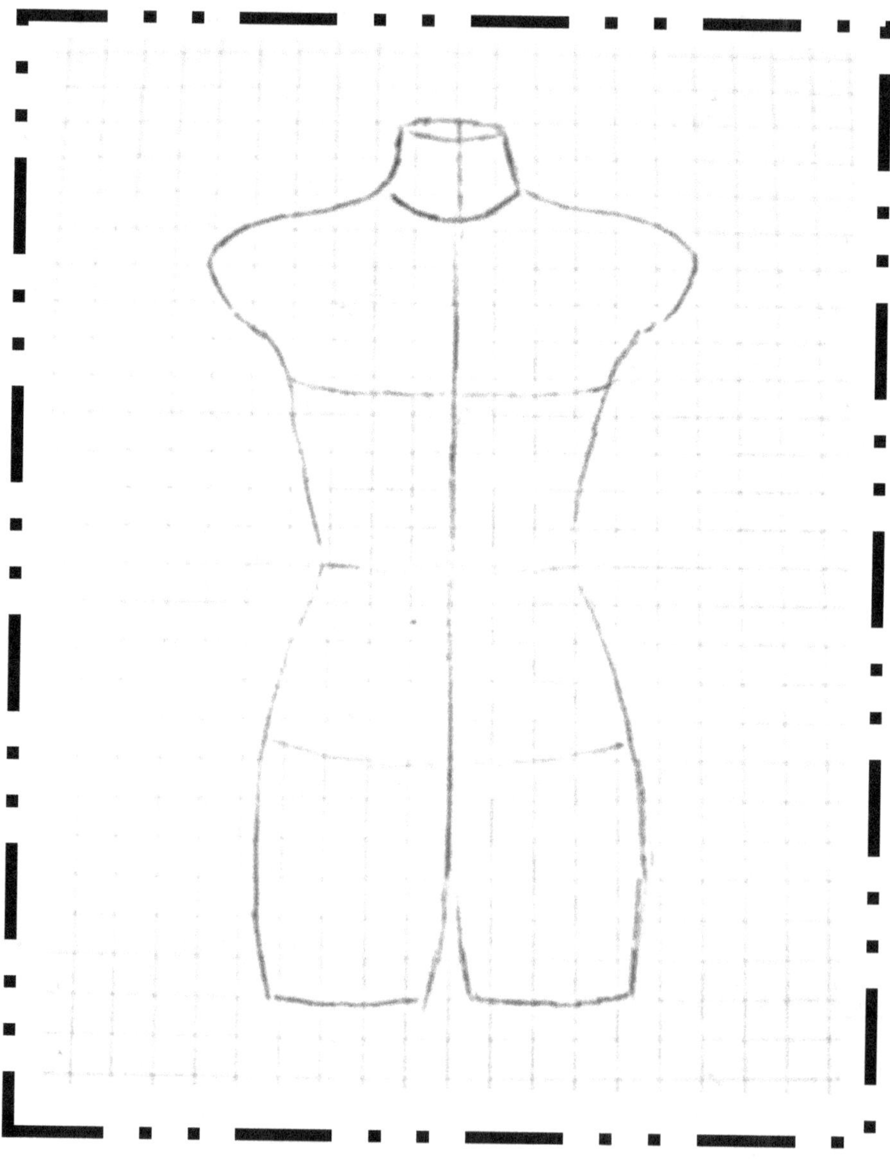

Nombre . . . .

MEDIDAS DE CUERPO

Medidas unisex:

Largo talle espalda ....
Largo talle delantero ....
Ancho de espalda .... ½ ....
Costado ....
Largo de sisa ....
Contorno de pecho .... ¼ ....
Largo de hombro ....
Contorno de cintura .... ¼ ....
Contorno de cadera .... ¼ ....
Bajada de cadera ....

Exclusivas de mujer:

Caída del pecho ....
Distancia entre pechos .... ½ .....

Medida de comprobación:

Cuello .... ½ .....
Largo de escote ....

Largura de la prenda ......

MEDIDAS DE FALDA

Contorno de cintura .... ¼
Contorno de cadera .... ½ ..... ¼
....
Bajada de cadera ....

Largura deseada de la falda

MEDIDAS DE MANGA

Largo de brazo ....
Largo de codo ....
Contorno de brazo .... ½
Contorno de muñeca ...... ½
Largura deseada de la manga

MEDIDAS DE PANTALÓN

Contorno de cintura .... ¼ .....
Contorno de cadera .... ¼ ..... ¹⁄₂₅
....
Bajada de cadera ....
Largo de tiro ....
Vuelta de tiro ....
Largo hasta rodilla ....
Largo hasta tobillo ....
Ancho de rodilla .... ¼ .....
Ancho de tobillo .... ¼ .....

Medida de comprobación:

Largo costura interior .....

Largura deseada del pantalón

BOCETO DEL PROYECTO

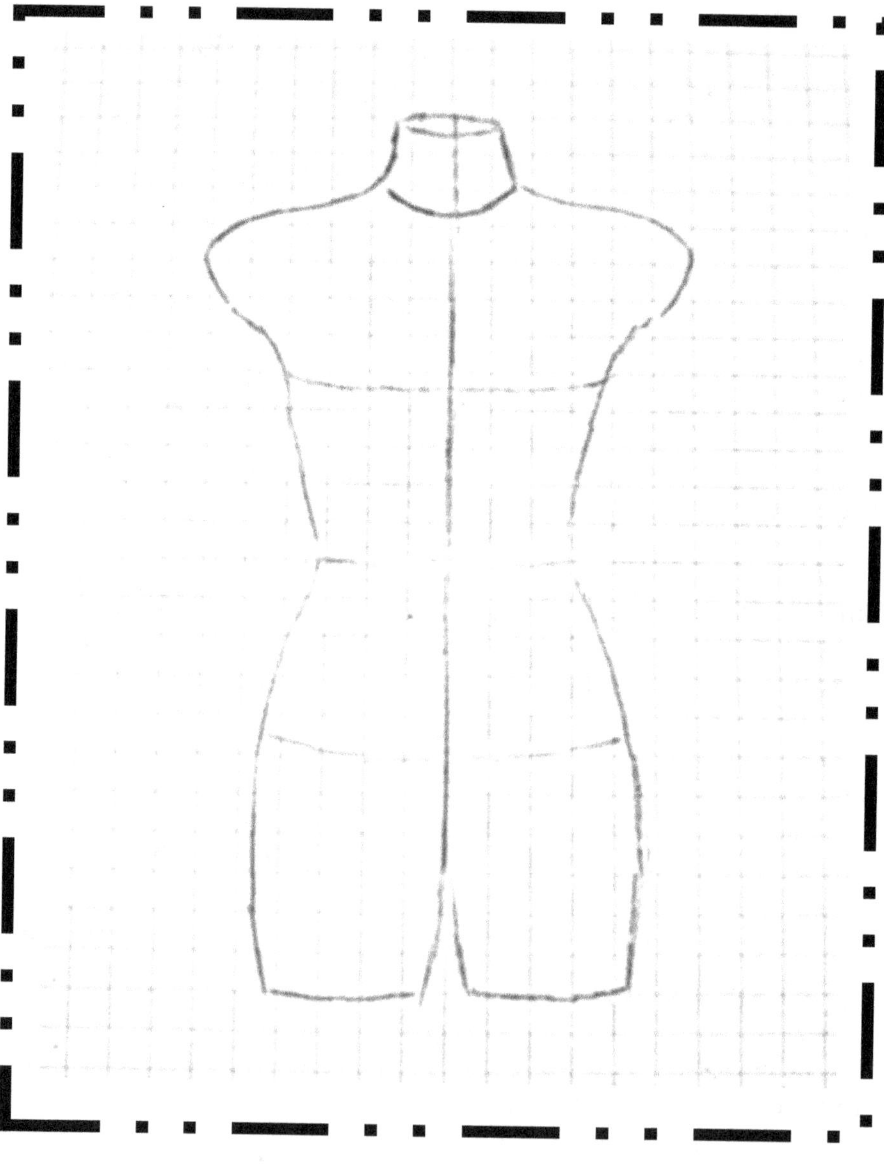

Nombre . . . .

MEDIDAS DE CUERPO

Medidas unisex:

Largo talle espalda ....
Largo talle delantero ....
Ancho de espalda .... ½ ....
Costado ....
Largo de sisa ....
Contorno de pecho .... ¼ ....
Largo de hombro ....
Contorno de cintura .... ¼ ....
Contorno de cadera .... ¼ ....
Bajada de cadera ....

Exclusivas de mujer:

Caída del pecho ....
Distancia entre pechos .... ½ .....

Medida de comprobación:

Cuello .... ½ .....
Largo de escote ....

Largura de la prenda ......

MEDIDAS DE MANGA

Largo de brazo ....
Largo de codo ....
Contorno de brazo .... ½
Contorno de muñeca ...... ½
Largura deseada de la manga

MEDIDAS DE PANTALÓN

Contorno de cintura .... ¼ .....
Contorno de cadera .... ¼ ..... ⅟₂₅
....
Bajada de cadera ....
Largo de tiro ....
Vuelta de tiro ....
Largo hasta rodilla ....
Largo hasta tobillo ....
Ancho de rodilla .... ¼ .....
Ancho de tobillo .... ¼ .....

Medida de comprobación:

Largo costura interior .....

Largura deseada del pantalón

MEDIDAS DE FALDA

Contorno de cintura .... ¼
Contorno de cadera .... ½ ..... ¼
....
Bajada de cadera ....

Largura deseada de la falda

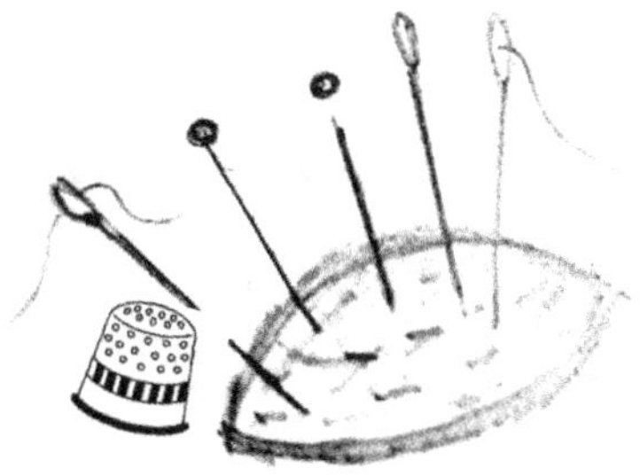

BOCETO DEL PROYECTO ✏️

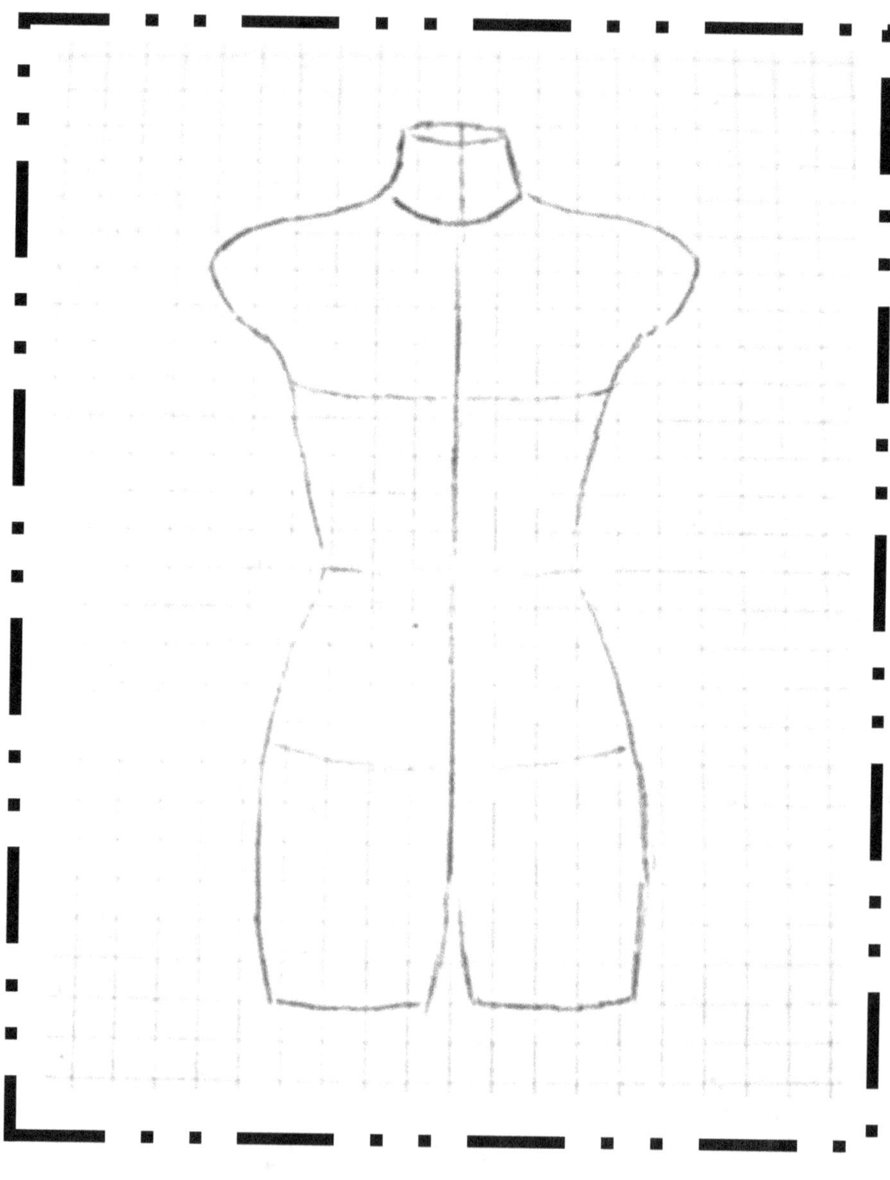

Nombre..

MEDIDAS DE CUERPO

Medidas unisex:

Largo talle espalda ....
Largo talle delantero.......
Ancho de espalda............ ½ ....
Costado...........................
Largo de sisa ....
Contorno de pecho.......... ¼ ....
Largo de hombro.............
Contorno de cintura........ ¼ ....
Contorno de cadera......... ¼ ....
Bajada de cadera.............

Exclusivas de mujer:

Caída del pecho ....
Distancia entre pechos.... ½ .....

Medida de comprobación:

Cuello .... ½ .....
Largo de escote ....

Largura de la prenda......

MEDIDAS DE MANGA

Largo de brazo ....
Largo de codo ....
Contorno de brazo .... ½
Contorno de muñeca ...... ½
Largura deseada de la manga

MEDIDAS DE PANTALÓN

Contorno de cintura .... ¼.....
Contorno de cadera .... ¼..... ½25
....
Bajada de cadera ....
Largo de tiro....................
Vuelta de tiro...................
Largo hasta rodilla...........
Largo hasta tobillo...........
Ancho de rodilla .... ¼.....
Ancho de tobillo .... ¼.....

Medida de comprobación:

Largo costura interior .....

Largura deseada del pantalón

MEDIDAS DE FALDA

Contorno de cintura........ ¼
Contorno de cadera......... ½ .....¼
....
Bajada de cadera ....

Largura deseada de la falda

BOCETO DEL PROYECTO ✏️

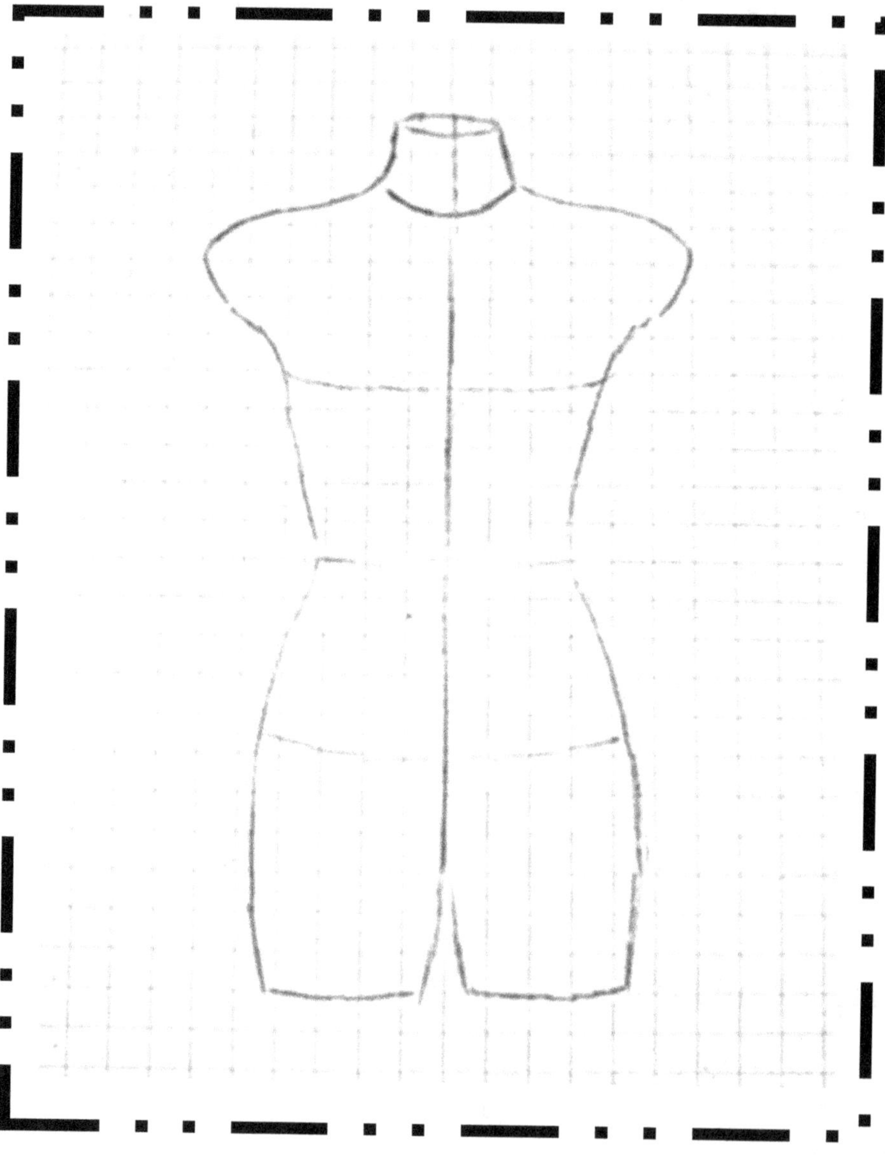

MEDIDAS DE CUERPO

Medidas unisex:

Largo talle espalda ....
Largo talle delantero.......
Ancho de espalda .... ½ ....
Costado.........................
Largo de sisa ....
Contorno de pecho.......... ¼ ....
Largo de hombro.............
Contorno de cintura........ ¼ ....
Contorno de cadera......... ¼ ....
Bajada de cadera.............

Exclusivas de mujer:

Caída del pecho ....
Distancia entre pechos.... ½ .....

Medida de comprobación:

Cuello .... ½ .....
Largo de escote ....

Largura de la prenda......

MEDIDAS DE MANGA

Largo de brazo ....
Largo de codo ....
Contorno de brazo .... ½
Contorno de muñeca ...... ½
Largura deseada de la manga

MEDIDAS DE PANTALÓN

Contorno de cintura .... ¼.....
Contorno de cadera .... ¼..... ½₂₅
....
Bajada de cadera ....
Largo de tiro.....................
Vuelta de tiro...................
Largo hasta rodilla...........
Largo hasta tobillo...........
Ancho de rodilla .... ¼.....
Ancho de tobillo .... ¼.....

Medida de comprobación:

Largo costura interior .....

Largura deseada del pantalón

MEDIDAS DE FALDA

Contorno de cintura........ ¼
Contorno de cadera......... ½ .....¼
....
Bajada de cadera ....

Largura deseada de la falda

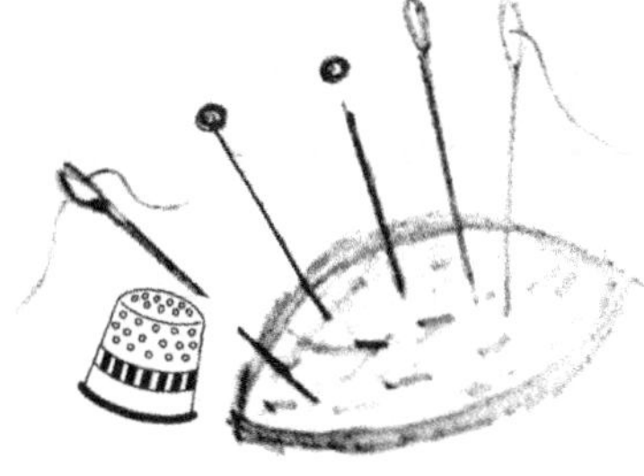

BOCETO DEL PROYECTO ✏️

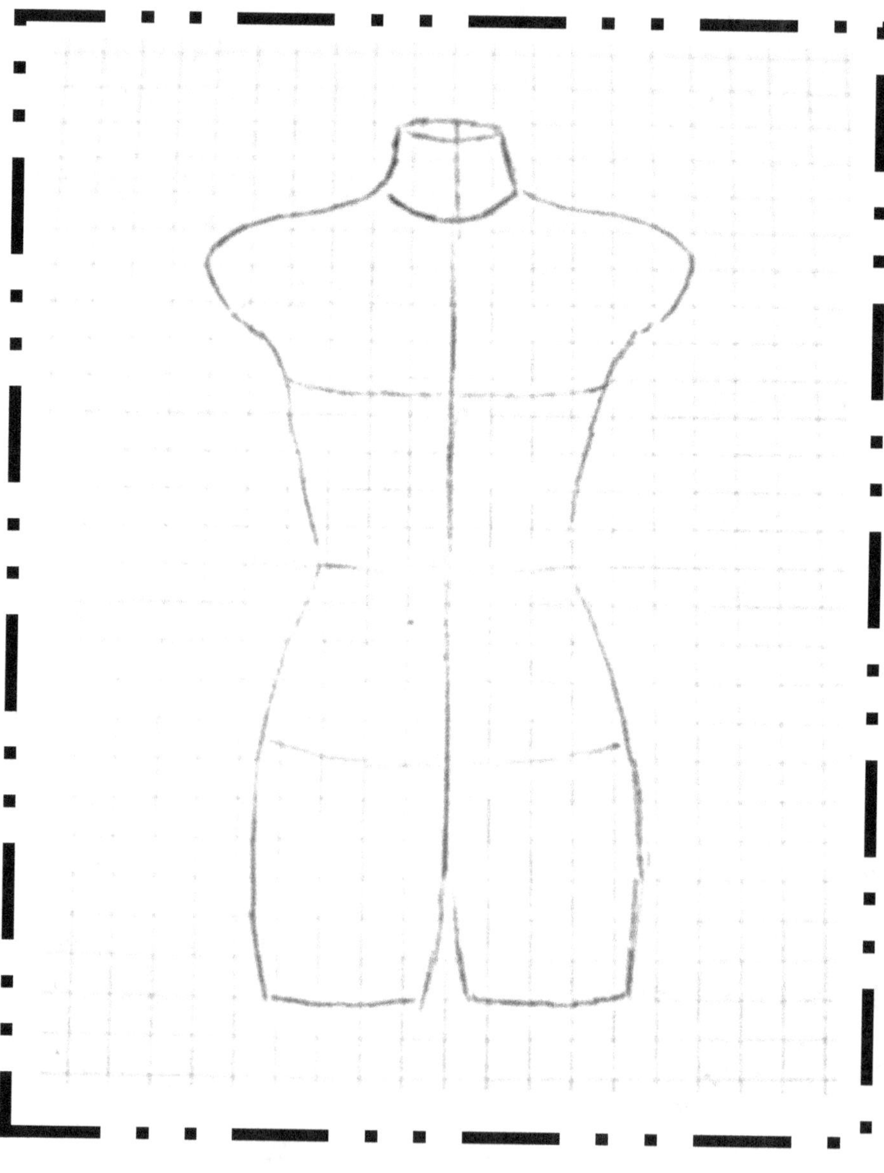

Nombre . . . .

MEDIDAS DE CUERPO

Medidas unisex:

Largo talle espalda ....
Largo talle delantero ....
Ancho de espalda .... ½ ....
Costado ....
Largo de sisa ....
Contorno de pecho .... ¼ ....
Largo de hombro ....
Contorno de cintura .... ¼ ....
Contorno de cadera .... ¼ ....
Bajada de cadera ....

Exclusivas de mujer:

Caída del pecho ....
Distancia entre pechos .... ½ .....

Medida de comprobación:

Cuello .... ½ .....
Largo de escote ....

Largura de la prenda ......

MEDIDAS DE FALDA

Contorno de cintura .... ¼
Contorno de cadera .... ½ ..... ¼
....
Bajada de cadera ....

Largura deseada de la falda

MEDIDAS DE MANGA

Largo de brazo ....
Largo de codo ....
Contorno de brazo .... ½
Contorno de muñeca ...... ½
Largura deseada de la manga

MEDIDAS DE PANTALÓN

Contorno de cintura .... ¼ .....
Contorno de cadera .... ¼ ..... ¹⁄₂₅
....
Bajada de cadera ....
Largo de tiro ....
Vuelta de tiro ....
Largo hasta rodilla ....
Largo hasta tobillo ....
Ancho de rodilla .... ¼ .....
Ancho de tobillo .... ¼ .....

Medida de comprobación:

Largo costura interior .....

Largura deseada del pantalón

BOCETO DEL PROYECTO ✏️

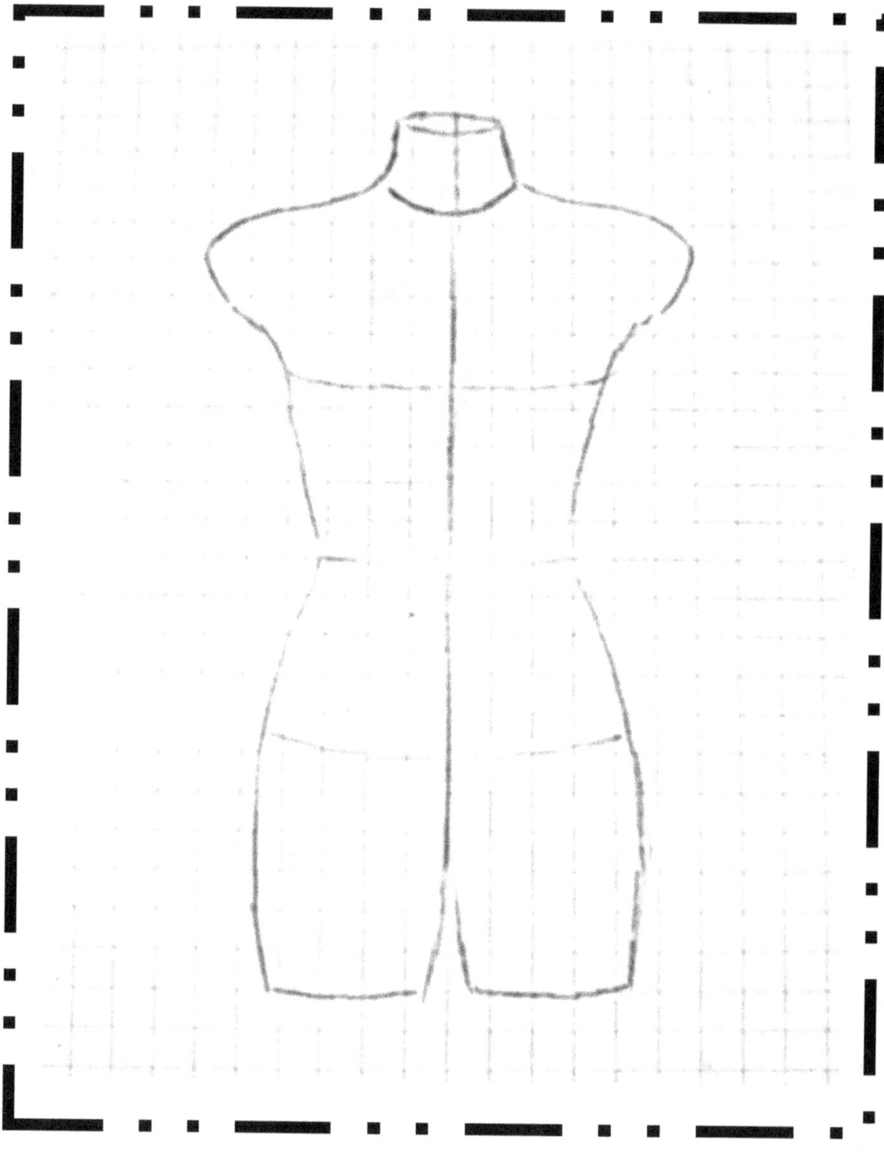

MEDIDAS DE CUERPO

Medidas unisex:

Largo talle espalda ....
Largo talle delantero.......
Ancho de espalda .... ½ ....
Costado ....
Largo de sisa ....
Contorno de pecho.......... ¼ ....
Largo de hombro.............
Contorno de cintura........ ¼ ....
Contorno de cadera......... ¼ ....
Bajada de cadera.............

Exclusivas de mujer:

Caída del pecho ....
Distancia entre pechos.... ½ .....

Medida de comprobación:

Cuello .... ½ .....
Largo de escote ....

Largura de la prenda......

MEDIDAS DE FALDA

Contorno de cintura........ ¼
Contorno de cadera......... ½ .....¼

....
Bajada de cadera ....

Largura deseada de la falda

MEDIDAS DE MANGA

Largo de brazo ....
Largo de codo ....
Contorno de brazo .... ½
Contorno de muñeca ...... ½
Largura deseada de la manga

MEDIDAS DE PANTALÓN

Contorno de cintura .... ¼.....
Contorno de cadera .... ¼..... ½25

....
Bajada de cadera ....
Largo de tiro....................
Vuelta de tiro..................
Largo hasta rodilla...........
Largo hasta tobillo...........
Ancho de rodilla .... ¼.....
Ancho de tobillo .... ¼.....

Medida de comprobación:

Largo costura interior .....

Largura deseada del pantalón

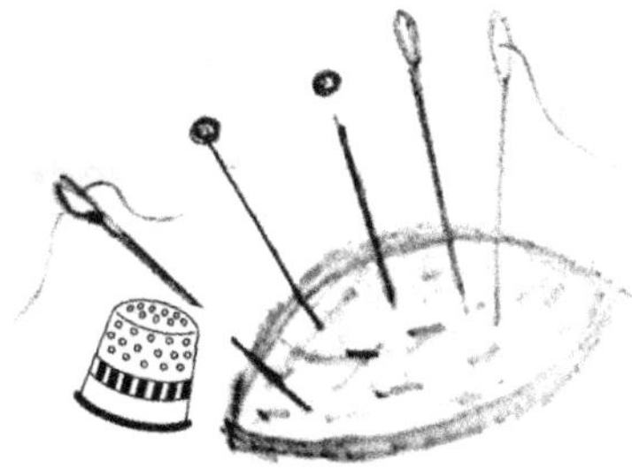

BOCETO DEL PROYECTO

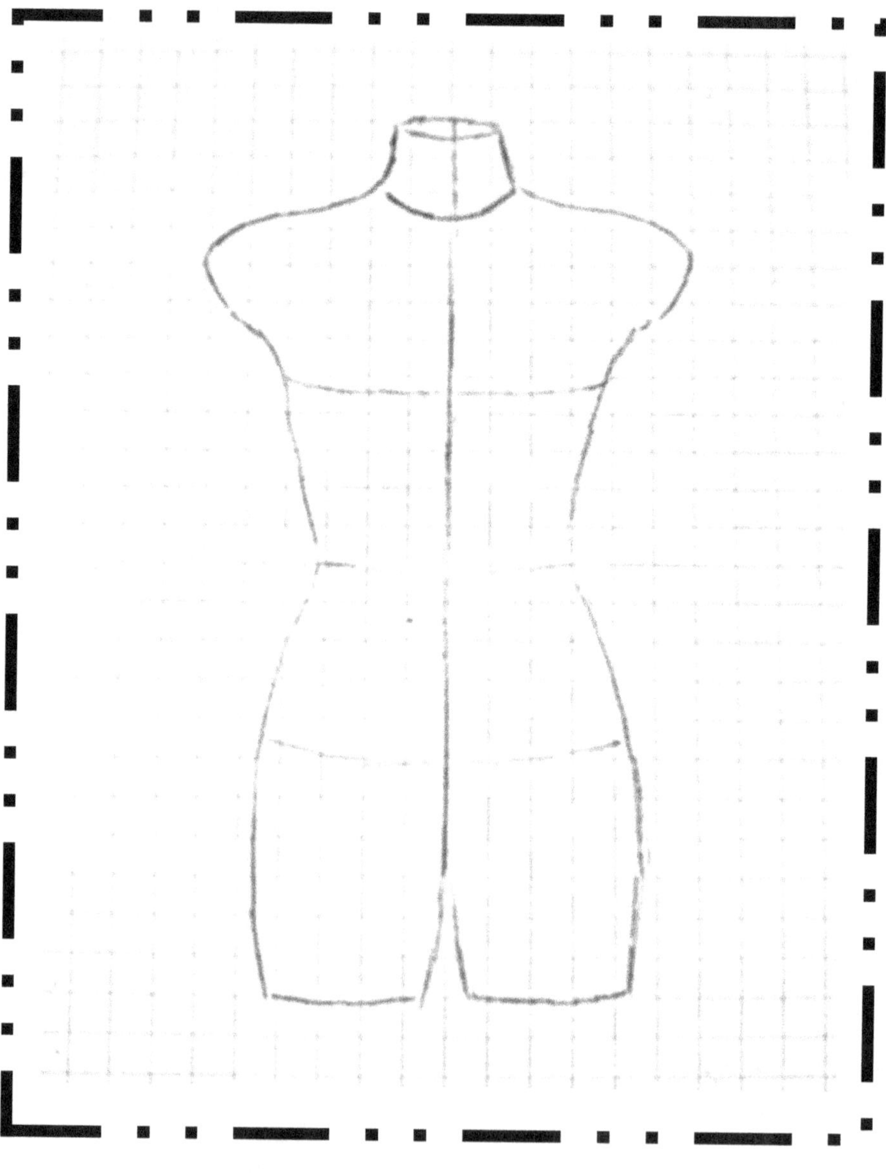

Nombre . . . .

MEDIDAS DE CUERPO

Medidas unisex:

Largo talle espalda ....
Largo talle delantero ....
Ancho de espalda .... ½ ....
Costado ....
Largo de sisa ....
Contorno de pecho .... ¼ ....
Largo de hombro ....
Contorno de cintura .... ¼ ....
Contorno de cadera .... ¼ ....
Bajada de cadera ....

Exclusivas de mujer:

Caída del pecho ....
Distancia entre pechos .... ½ .....

Medida de comprobación:

Cuello .... ½ .....
Largo de escote ....

Largura de la prenda ......

MEDIDAS DE FALDA

Contorno de cintura .... ¼
Contorno de cadera .... ½ ..... ¼
....
Bajada de cadera ....

Largura deseada de la falda

MEDIDAS DE MANGA

Largo de brazo ....
Largo de codo ....
Contorno de brazo .... ½
Contorno de muñeca ...... ½
Largura deseada de la manga

MEDIDAS DE PANTALÓN

Contorno de cintura .... ¼.....
Contorno de cadera .... ¼..... ¹⁄₂₅
....
Bajada de cadera ....
Largo de tiro ....
Vuelta de tiro ....
Largo hasta rodilla ....
Largo hasta tobillo ....
Ancho de rodilla .... ¼.....
Ancho de tobillo .... ¼.....

Medida de comprobación:

Largo costura interior .....

Largura deseada del pantalón

<u>BOCETO DEL PROYECTO</u> ✏️

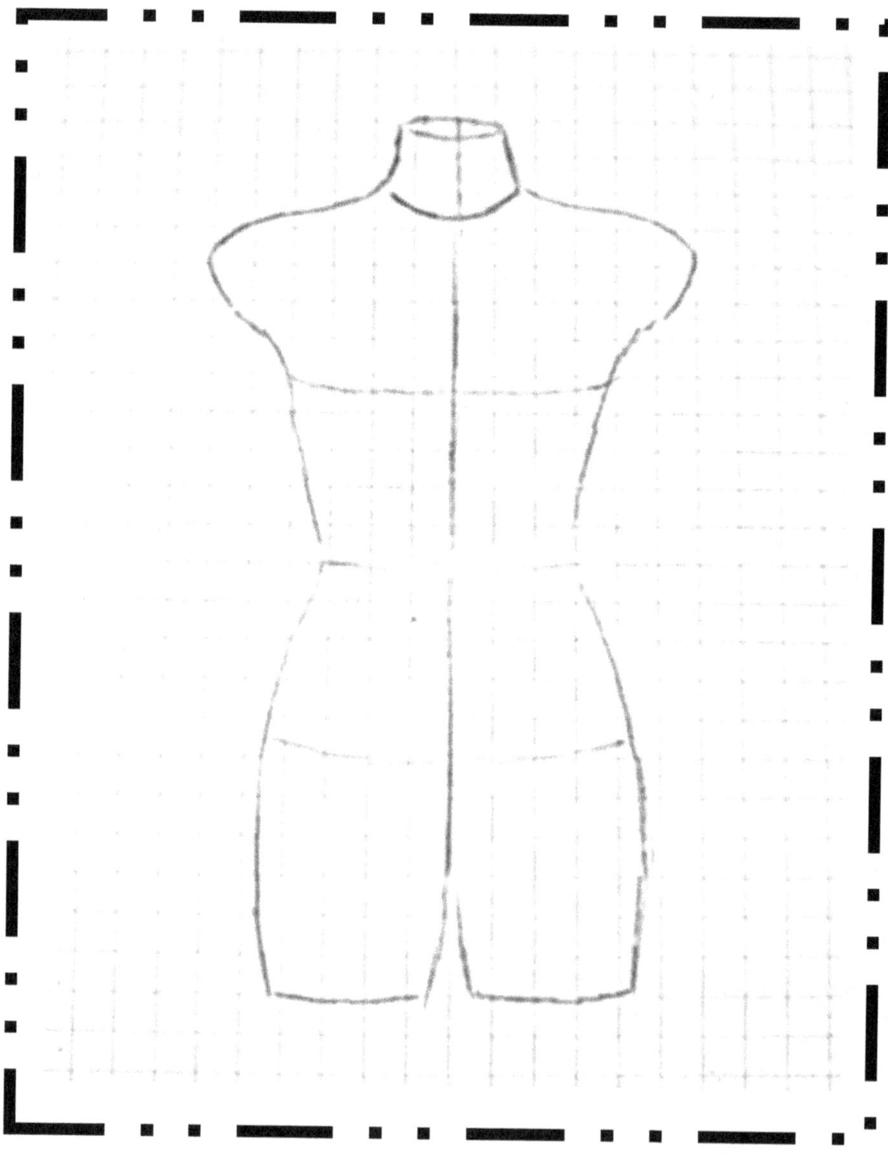

MEDIDAS DE CUERPO

Medidas unisex:

Largo talle espalda ....
Largo talle delantero.......
Ancho de espalda............ ½ ....
Costado...........................
Largo de sisa ....
Contorno de pecho.......... ¼ ....
Largo de hombro.............
Contorno de cintura........ ¼ ....
Contorno de cadera......... ¼ ....
Bajada de cadera.............

Exclusivas de mujer:

Caída del pecho ....
Distancia entre pechos.... ½ .....

Medida de comprobación:

Cuello .... ½ .....
Largo de escote ....

Largura de la prenda......

MEDIDAS DE MANGA

Largo de brazo ....
Largo de codo ....
Contorno de brazo .... ½
Contorno de muñeca ...... ½
Largura deseada de la manga

MEDIDAS DE PANTALÓN

Contorno de cintura .... ¼.....
Contorno de cadera .... ¼..... ½25
....
Bajada de cadera ....
Largo de tiro....................
Vuelta de tiro...................
Largo hasta rodilla...........
Largo hasta tobillo...........
Ancho de rodilla .... ¼.....
Ancho de tobillo .... ¼.....

Medida de comprobación:

Largo costura interior .....

Largura deseada del pantalón

MEDIDAS DE FALDA

Contorno de cintura........ ¼
Contorno de cadera......... ½ .....¼
....
Bajada de cadera ....

Largura deseada de la falda

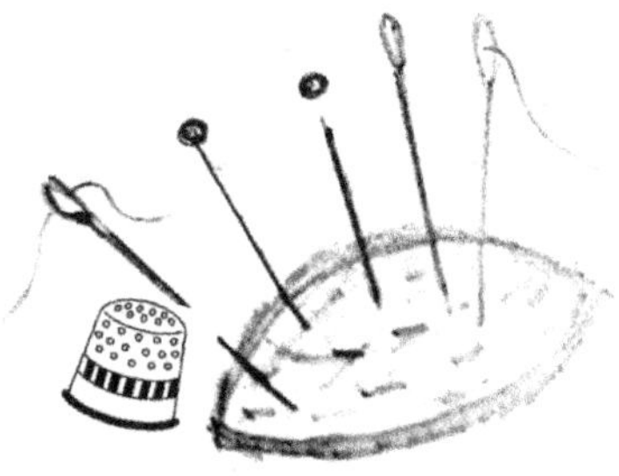

BOCETO DEL PROYECTO ✏

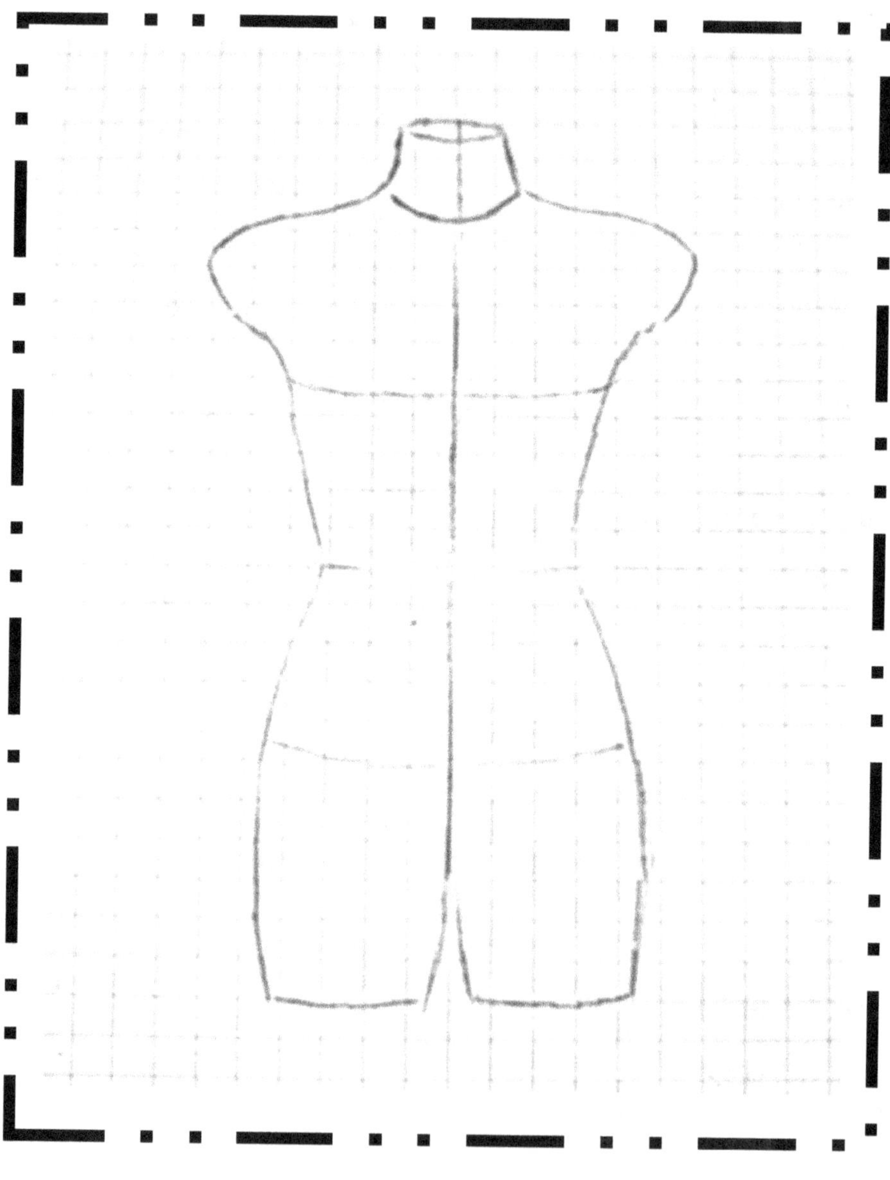

Nombre . . . .

MEDIDAS DE CUERPO

Medidas unisex:

Largo talle espalda ....
Largo talle delantero ....
Ancho de espalda .... ½ ....
Costado ....
Largo de sisa ....
Contorno de pecho .... ¼ ....
Largo de hombro ....
Contorno de cintura .... ¼ ....
Contorno de cadera .... ¼ ....
Bajada de cadera ....

Exclusivas de mujer:

Caída del pecho ....
Distancia entre pechos .... ½ .....

Medida de comprobación:

Cuello .... ½ .....
Largo de escote ....

Largura de la prenda ......

MEDIDAS DE FALDA

Contorno de cintura .... ¼
Contorno de cadera .... ½ ..... ¼
....
Bajada de cadera ....

Largura deseada de la falda

MEDIDAS DE MANGA

Largo de brazo ....
Largo de codo ....
Contorno de brazo .... ½
Contorno de muñeca ...... ½
Largura deseada de la manga

MEDIDAS DE PANTALÓN

Contorno de cintura .... ¼ .....
Contorno de cadera .... ¼ ..... ½₂₅
....
Bajada de cadera ....
Largo de tiro ....
Vuelta de tiro ....
Largo hasta rodilla ....
Largo hasta tobillo ....
Ancho de rodilla .... ¼ .....
Ancho de tobillo .... ¼ .....

Medida de comprobación:

Largo costura interior .....

Largura deseada del pantalón

BOCETO DEL PROYECTO ✏️

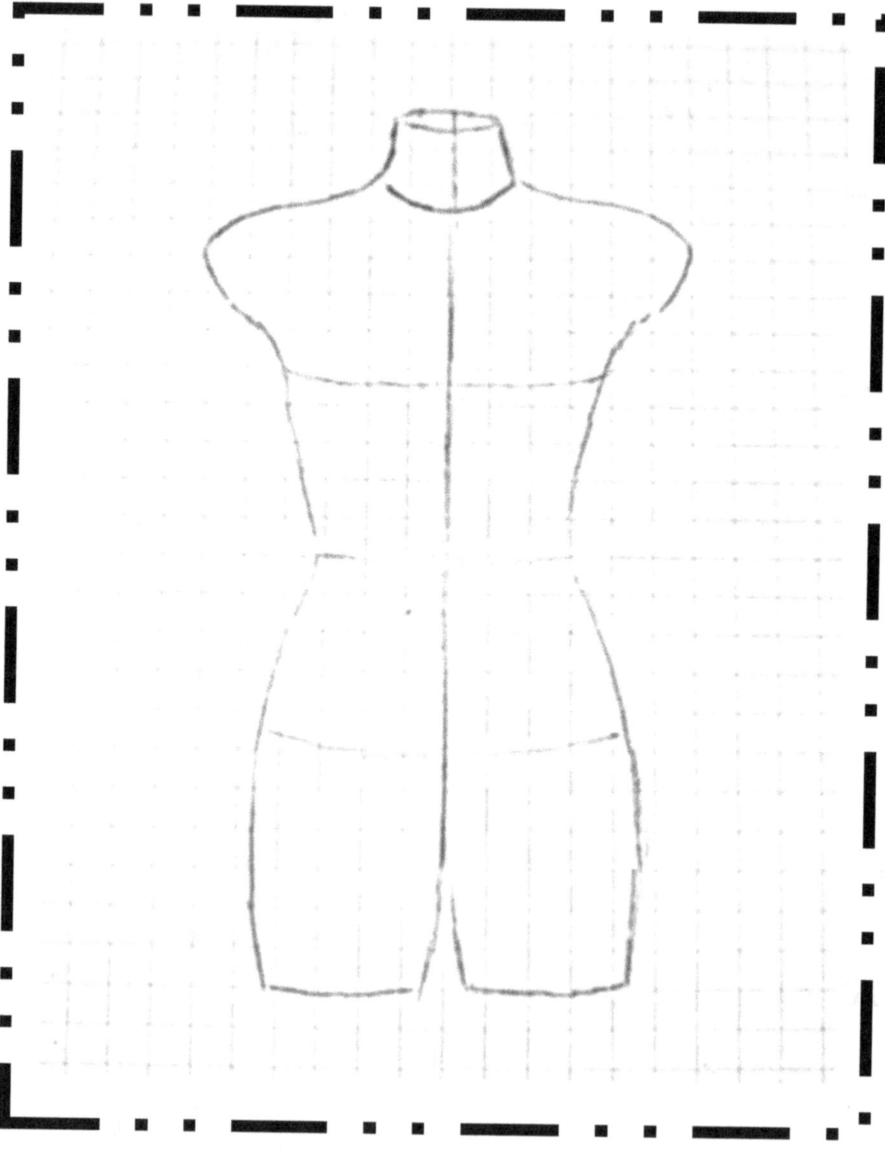

Nombre..

MEDIDAS DE CUERPO

Medidas unisex:

Largo talle espalda ....
Largo talle delantero.......
Ancho de espalda .... ½ ....
Costado...........................
Largo de sisa ....
Contorno de pecho.......... ¼ ....
Largo de hombro.............
Contorno de cintura........ ¼ ....
Contorno de cadera......... ¼ ....
Bajada de cadera..............

Exclusivas de mujer:

Caída del pecho ....
Distancia entre pechos.... ½ .....

Medida de comprobación:

Cuello .... ½ .....
Largo de escote ....

Largura de la prenda......

MEDIDAS DE FALDA

Contorno de cintura........ ¼
Contorno de cadera......... ½ .....¼

....

Bajada de cadera ....

Largura deseada de la falda

MEDIDAS DE MANGA

Largo de brazo ....
Largo de codo ....
Contorno de brazo .... ½
Contorno de muñeca ...... ½
Largura deseada de la manga

MEDIDAS DE PANTALÓN

Contorno de cintura .... ¼.....
Contorno de cadera .... ¼..... ½25

....

Bajada de cadera ....
Largo de tiro.....................
Vuelta de tiro....................
Largo hasta rodilla...........
Largo hasta tobillo...........
Ancho de rodilla .... ¼.....
Ancho de tobillo .... ¼.....

Medida de comprobación:

Largo costura interior .....

Largura deseada del pantalón

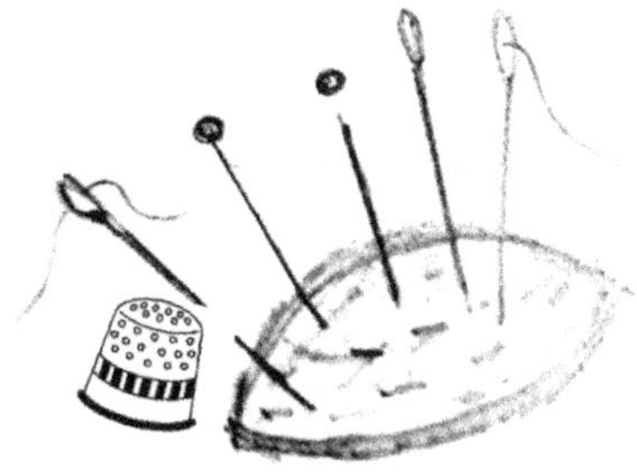

BOCETO DEL PROYECTO

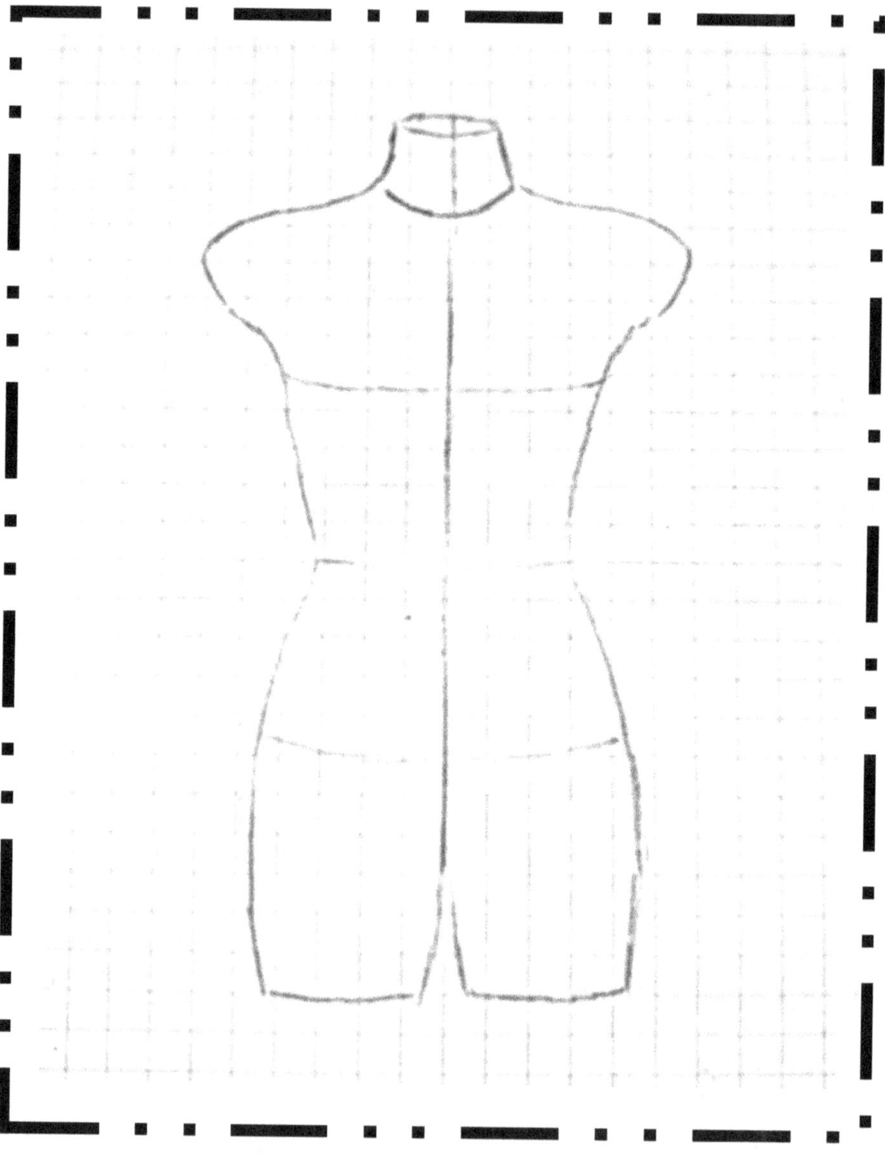

Nombre...

MEDIDAS DE CUERPO

Medidas unisex:

Largo talle espalda ....
Largo talle delantero.......
Ancho de espalda............ ½ ....
Costado...........................
Largo de sisa ....
Contorno de pecho.......... ¼ ....
Largo de hombro............
Contorno de cintura........ ¼ ....
Contorno de cadera......... ¼ ....
Bajada de cadera.............

Exclusivas de mujer:

Caída del pecho ....
Distancia entre pechos.... ½ .....

Medida de comprobación:

Cuello .... ½ .....
Largo de escote ....

Largura de la prenda......

MEDIDAS DE MANGA

Largo de brazo ....
Largo de codo ....
Contorno de brazo .... ½
Contorno de muñeca ...... ½
Largura deseada de la manga

MEDIDAS DE PANTALÓN

Contorno de cintura .... ¼.....
Contorno de cadera .... ¼..... ½₅

....
Bajada de cadera ....
Largo de tiro....................
Vuelta de tiro..................
Largo hasta rodilla..........
Largo hasta tobillo...........
Ancho de rodilla .... ¼.....
Ancho de tobillo .... ¼.....

Medida de comprobación:

Largo costura interior .....

Largura deseada del pantalón

MEDIDAS DE FALDA

Contorno de cintura........ ¼
Contorno de cadera......... ½ .....¼

....
Bajada de cadera ....

Largura deseada de la falda

BOCETO DEL PROYECTO ✏️

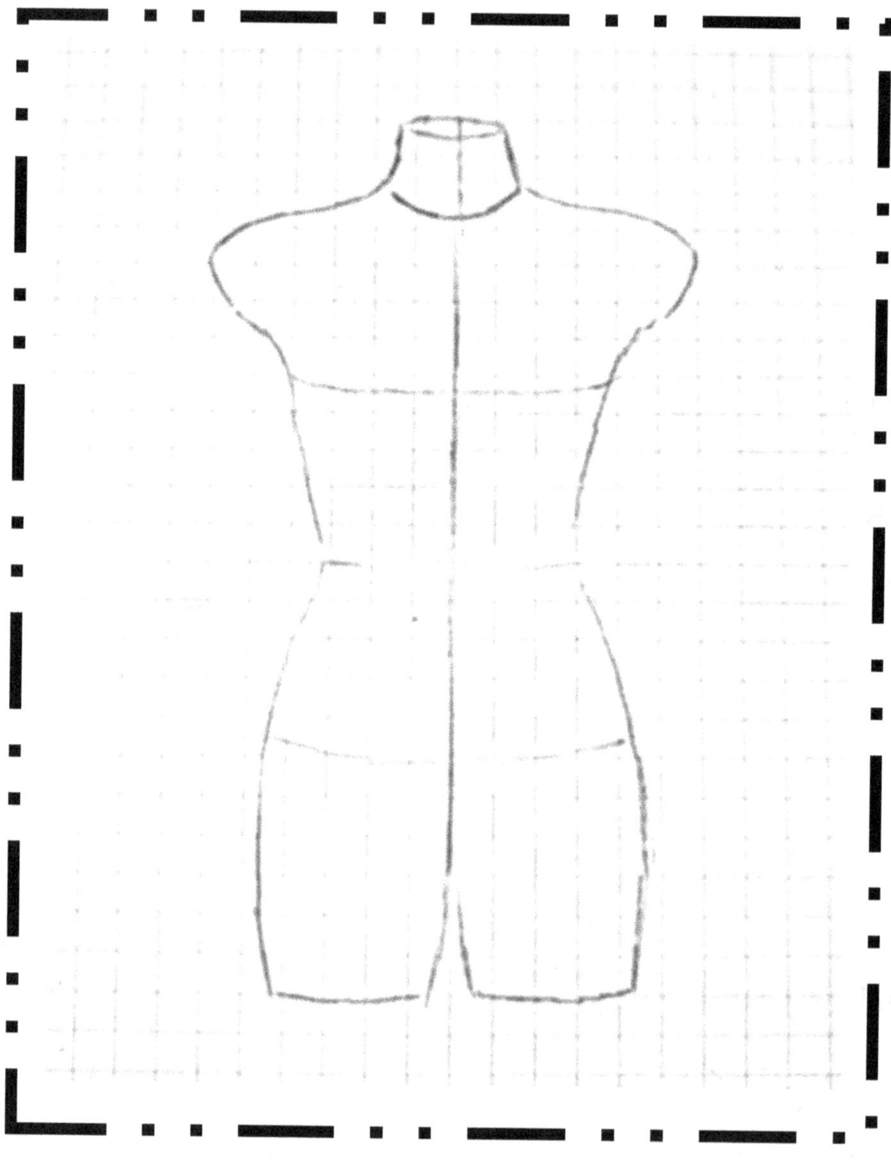

Nombre . . . .

MEDIDAS DE CUERPO

Medidas unisex:

Largo talle espalda ....
Largo talle delantero.......
Ancho de espalda .... ½ ....
Costado...........................
Largo de sisa ....
Contorno de pecho.......... ¼ ....
Largo de hombro.............
Contorno de cintura........ ¼ ....
Contorno de cadera......... ¼ ....
Bajada de cadera.............

Exclusivas de mujer:

Caída del pecho ....
Distancia entre pechos.... ½ .....

Medida de comprobación:

Cuello .... ½ .....
Largo de escote ....

Largura de la prenda......

MEDIDAS DE MANGA

Largo de brazo ....
Largo de codo ....
Contorno de brazo .... ½
Contorno de muñeca ...... ½
Largura deseada de la manga

MEDIDAS DE PANTALÓN

Contorno de cintura .... ¼.....
Contorno de cadera .... ¼..... ⅟₂₅
....
Bajada de cadera ....
Largo de tiro....................
Vuelta de tiro...................
Largo hasta rodilla...........
Largo hasta tobillo...........
Ancho de rodilla .... ¼.....
Ancho de tobillo .... ¼.....

Medida de comprobación:

Largo costura interior .....

Largura deseada del pantalón

MEDIDAS DE FALDA

Contorno de cintura........ ¼
Contorno de cadera......... ½ .....¼
....
Bajada de cadera ....

Largura deseada de la falda

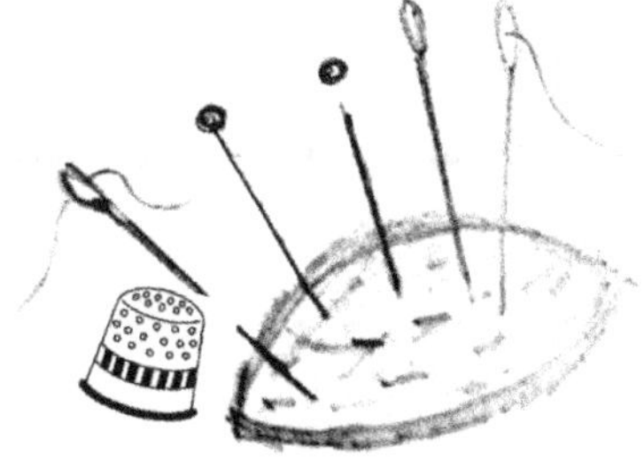

BOCETO DEL PROYECTO ✏️

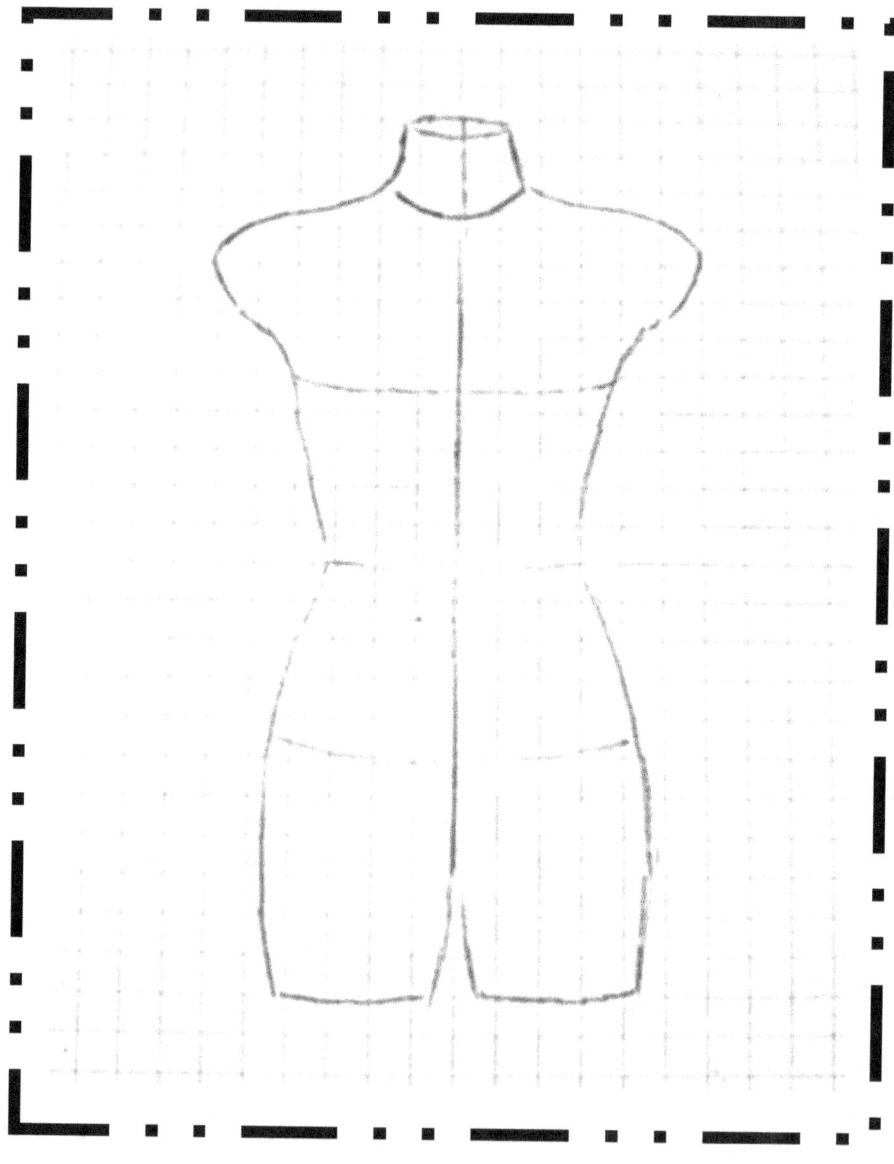

Nombre . . . .

MEDIDAS DE CUERPO

Medidas unisex:

Largo talle espalda ....
Largo talle delantero ....
Ancho de espalda .... ½ ....
Costado ....
Largo de sisa ....
Contorno de pecho .... ¼ ....
Largo de hombro ....
Contorno de cintura .... ¼ ....
Contorno de cadera .... ¼ ....
Bajada de cadera ....

Exclusivas de mujer:

Caída del pecho ....
Distancia entre pechos .... ½ .....

Medida de comprobación:

Cuello .... ½ .....
Largo de escote ....

Largura de la prenda ......

MEDIDAS DE FALDA

Contorno de cintura .... ¼
Contorno de cadera .... ½ ..... ¼
....
Bajada de cadera ....

Largura deseada de la falda

MEDIDAS DE MANGA

Largo de brazo ....
Largo de codo ....
Contorno de brazo .... ½
Contorno de muñeca ...... ½
Largura deseada de la manga

MEDIDAS DE PANTALÓN

Contorno de cintura .... ¼ .....
Contorno de cadera .... ¼ ..... ¹⁄₂₅
....
Bajada de cadera ....
Largo de tiro ....
Vuelta de tiro ....
Largo hasta rodilla ....
Largo hasta tobillo ....
Ancho de rodilla .... ¼ .....
Ancho de tobillo .... ¼ .....

Medida de comprobación:

Largo costura interior .....

Largura deseada del pantalón

BOCETO DEL PROYECTO ✏

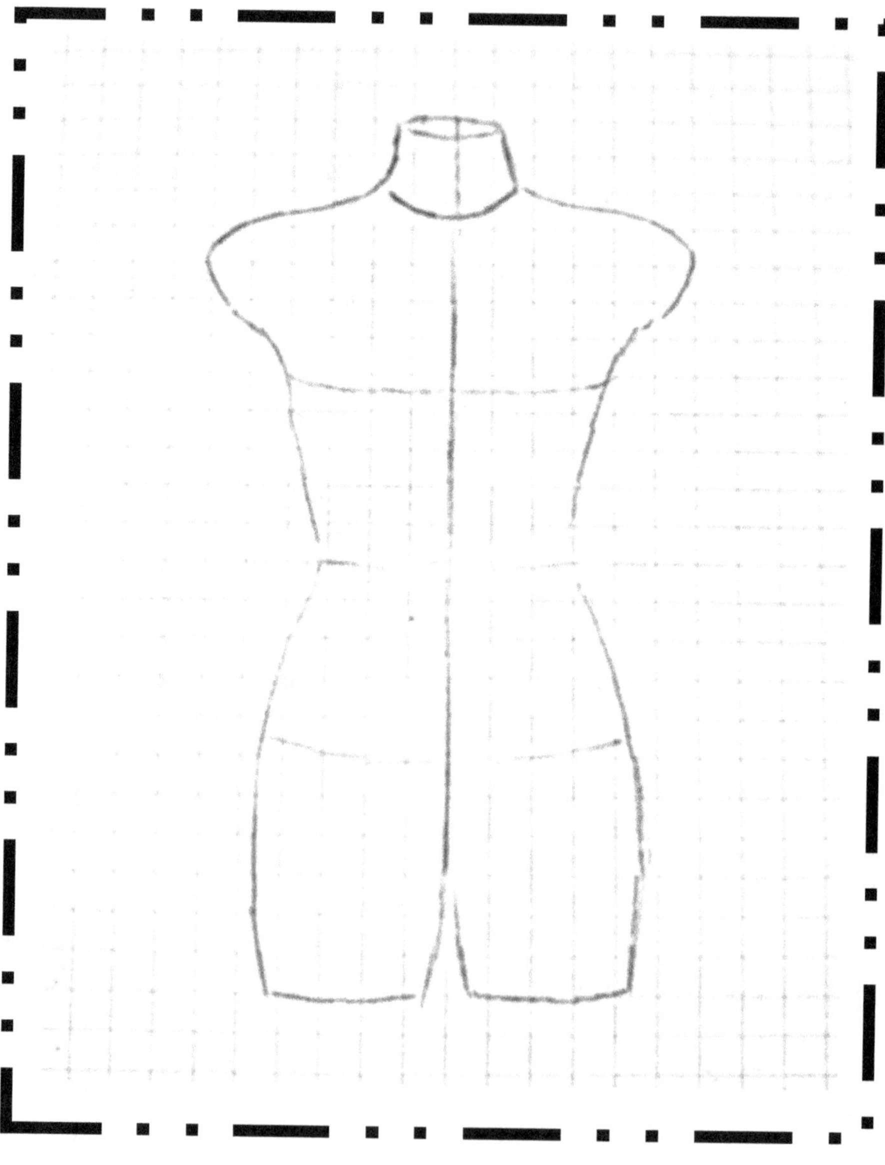

Nombre...

MEDIDAS DE CUERPO

Medidas unisex:

Largo talle espalda ....
Largo talle delantero.......
Ancho de espalda............ ½ ....
Costado...........................
Largo de sisa ....
Contorno de pecho.......... ¼ ....
Largo de hombro............
Contorno de cintura........ ¼ ....
Contorno de cadera......... ¼ ....
Bajada de cadera.............

Exclusivas de mujer:

Caída del pecho ....
Distancia entre pechos.... ½ .....

Medida de comprobación:

Cuello .... ½ .....
Largo de escote ....

Largura de la prenda......

MEDIDAS DE FALDA

Contorno de cintura........ ¼
Contorno de cadera......... ½ .....¼

....
Bajada de cadera ....

Largura deseada de la falda

MEDIDAS DE MANGA

Largo de brazo ....
Largo de codo ....
Contorno de brazo .... ½
Contorno de muñeca ...... ½
Largura deseada de la manga

MEDIDAS DE PANTALÓN

Contorno de cintura .... ¼.....
Contorno de cadera .... ¼..... $\frac{1}{25}$

....
Bajada de cadera ....
Largo de tiro.....................
Vuelta de tiro...................
Largo hasta rodilla...........
Largo hasta tobillo...........
Ancho de rodilla .... ¼.....
Ancho de tobillo .... ¼.....

Medida de comprobación:

Largo costura interior .....

Largura deseada del pantalón

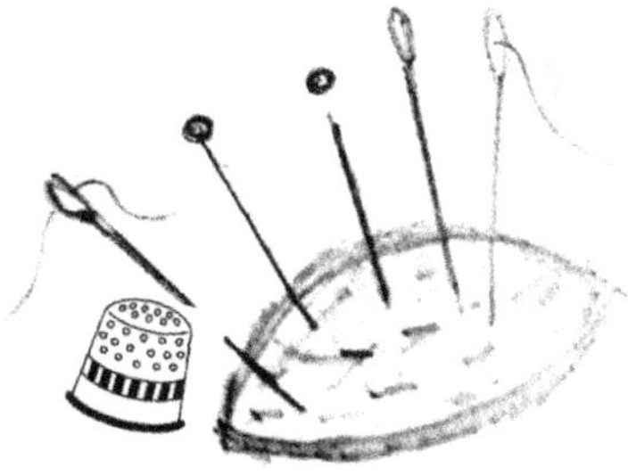

BOCETO DEL PROYECTO

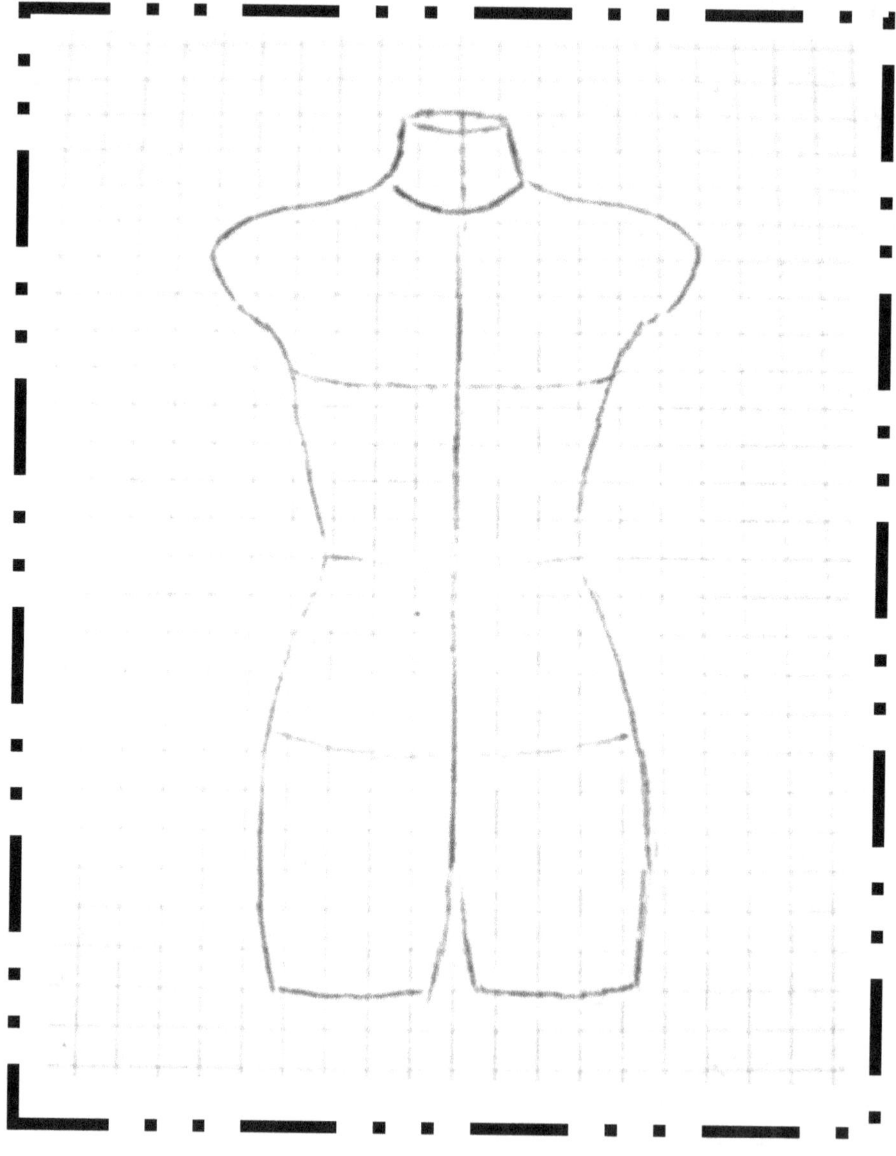

Nombre . . . .

MEDIDAS DE CUERPO

Medidas unisex:

Largo talle espalda ....
Largo talle delantero ....
Ancho de espalda .... ½ ....
Costado ....
Largo de sisa ....
Contorno de pecho .... ¼ ....
Largo de hombro ....
Contorno de cintura .... ¼ ....
Contorno de cadera .... ¼ ....
Bajada de cadera ....

Exclusivas de mujer:

Caída del pecho ....
Distancia entre pechos .... ½ .....

Medida de comprobación:

Cuello .... ½ .....
Largo de escote ....

Largura de la prenda ......

MEDIDAS DE FALDA

Contorno de cintura .... ¼
Contorno de cadera .... ½ ..... ¼

....
Bajada de cadera ....

Largura deseada de la falda

MEDIDAS DE MANGA

Largo de brazo ....
Largo de codo ....
Contorno de brazo .... ½
Contorno de muñeca ...... ½
Largura deseada de la manga

MEDIDAS DE PANTALÓN

Contorno de cintura .... ¼ .....
Contorno de cadera .... ¼ ..... ¹⁄₂₅

....
Bajada de cadera ....
Largo de tiro ....
Vuelta de tiro ....
Largo hasta rodilla ....
Largo hasta tobillo ....
Ancho de rodilla .... ¼ .....
Ancho de tobillo .... ¼ .....

Medida de comprobación:

Largo costura interior .....

Largura deseada del pantalón

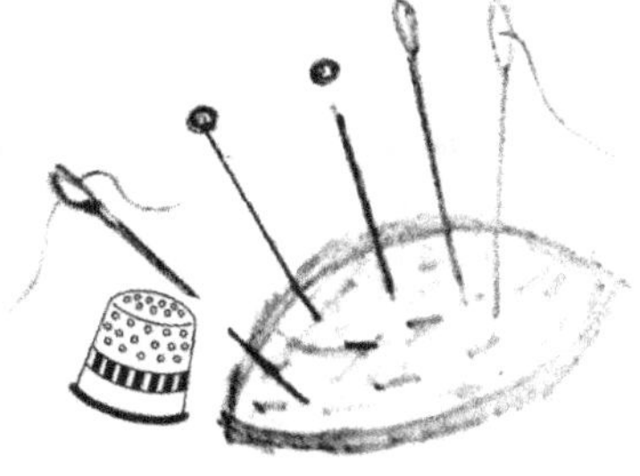

BOCETO DEL PROYECTO

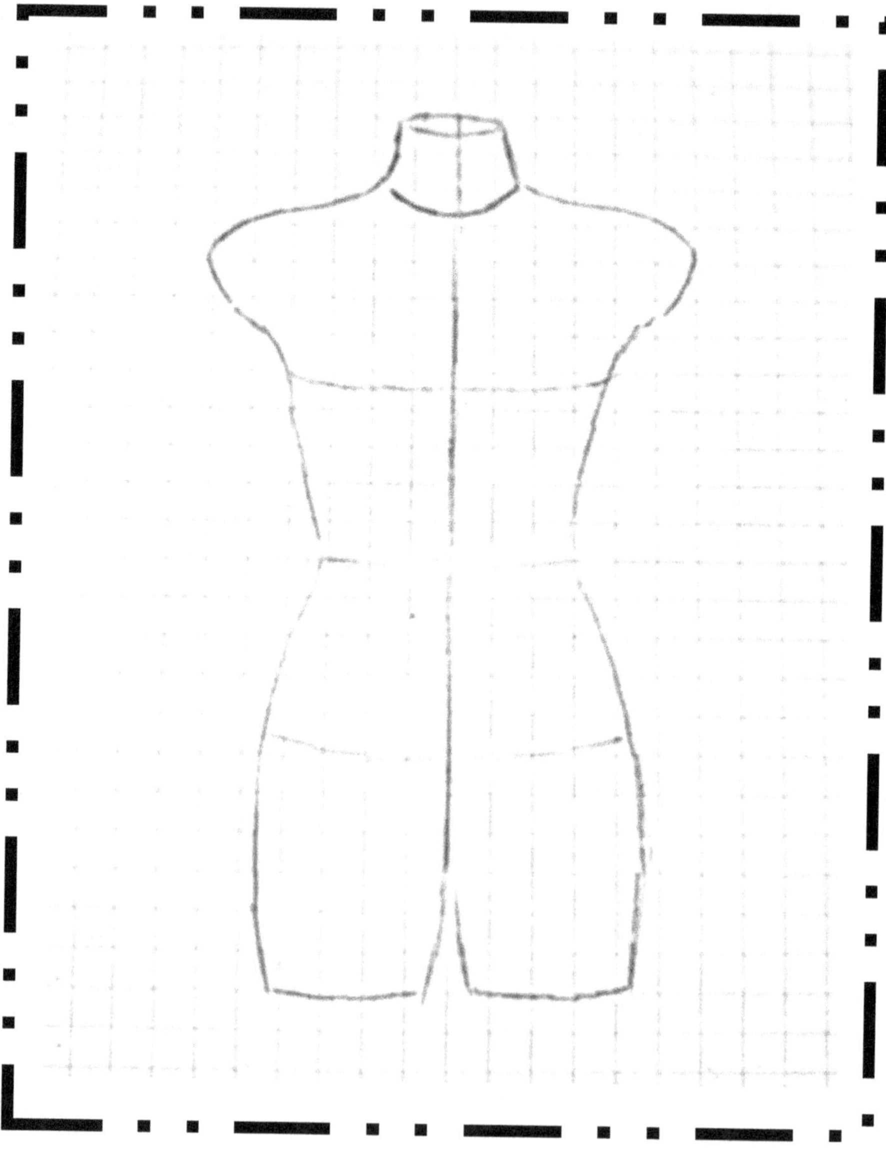

MEDIDAS DE CUERPO

Medidas unisex:

Largo talle espalda ....
Largo talle delantero.......
Ancho de espalda .... ½ ....
Costado.........................
Largo de sisa ....
Contorno de pecho.......... ¼ ....
Largo de hombro.............
Contorno de cintura........ ¼ ....
Contorno de cadera......... ¼ ....
Bajada de cadera.............

Exclusivas de mujer:

Caída del pecho ....
Distancia entre pechos.... ½ .....

Medida de comprobación:

Cuello .... ½ .....
Largo de escote ....

Largura de la prenda......

MEDIDAS DE FALDA

Contorno de cintura........ ¼
Contorno de cadera......... ½ .....¼

....

Bajada de cadera ....

Largura deseada de la falda

MEDIDAS DE MANGA

Largo de brazo ....
Largo de codo ....
Contorno de brazo .... ½
Contorno de muñeca ...... ½
Largura deseada de la manga

MEDIDAS DE PANTALÓN

Contorno de cintura .... ¼.....
Contorno de cadera .... ¼..... ½25

....

Bajada de cadera ....
Largo de tiro ....
Vuelta de tiro...................
Largo hasta rodilla...........
Largo hasta tobillo...........
Ancho de rodilla .... ¼.....
Ancho de tobillo .... ¼.....

Medida de comprobación:

Largo costura interior .....

Largura deseada del pantalón

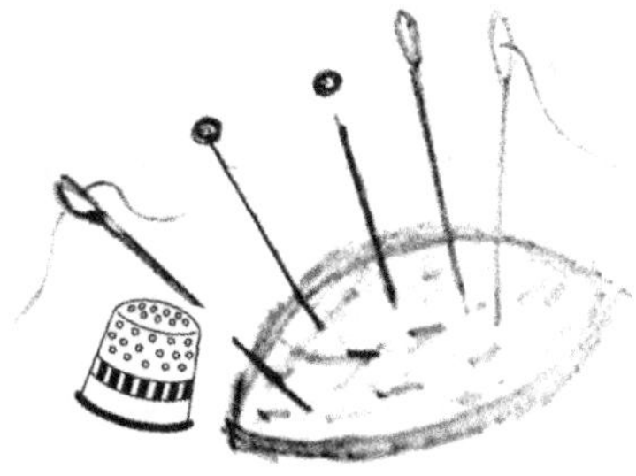

BOCETO DEL PROYECTO ✏️

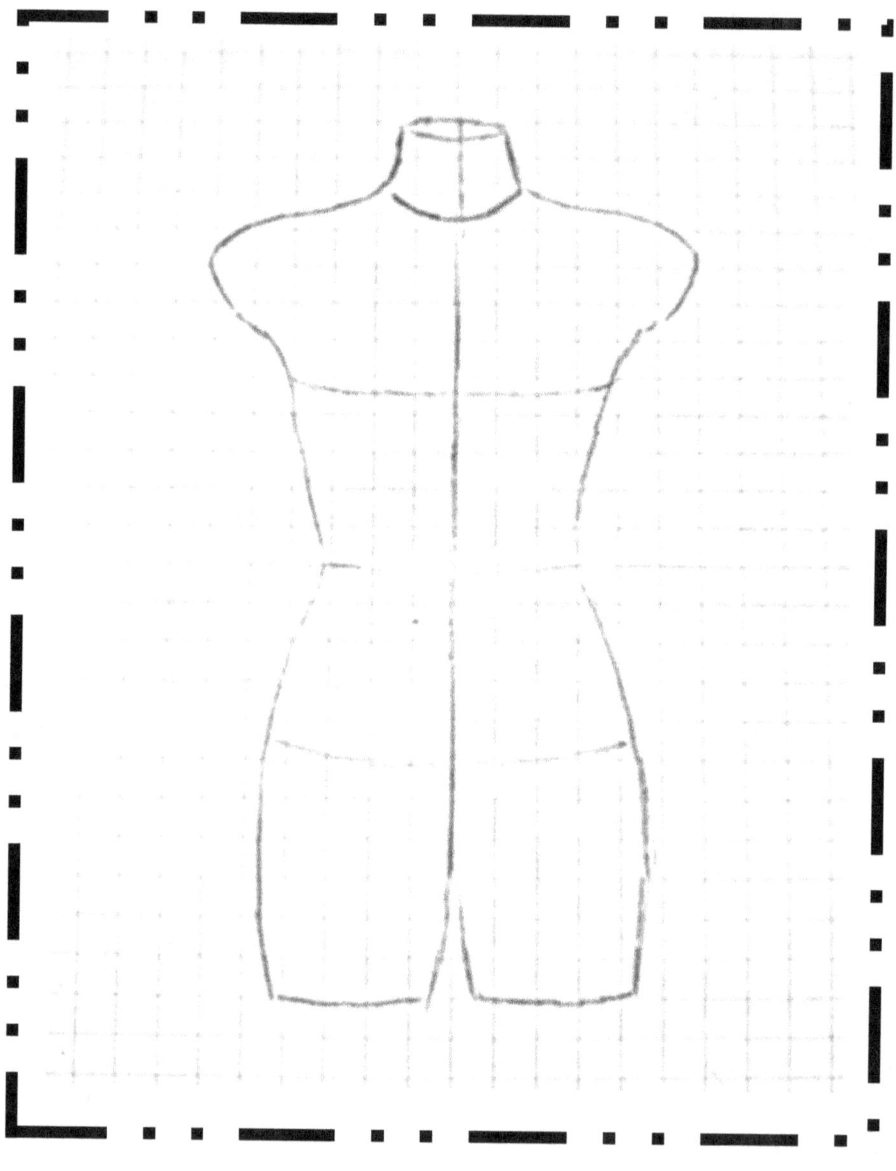

Nombre. . . . .

MEDIDAS DE CUERPO

Medidas unisex:

Largo talle espalda ....
Largo talle delantero.......
Ancho de espalda............ ½ ....
Costado...........................
Largo de sisa ....
Contorno de pecho.......... ¼ ....
Largo de hombro.............
Contorno de cintura........ ¼ ....
Contorno de cadera......... ¼ ....
Bajada de cadera.............

Exclusivas de mujer:

Caída del pecho ....
Distancia entre pechos.... ½ .....

Medida de comprobación:

Cuello .... ½ .....
Largo de escote ....

Largura de la prenda......

MEDIDAS DE FALDA

Contorno de cintura........ ¼
Contorno de cadera......... ½ .....¼

....
Bajada de cadera ....

Largura deseada de la falda

MEDIDAS DE MANGA

Largo de brazo ....
Largo de codo ....
Contorno de brazo .... ½
Contorno de muñeca ...... ½
Largura deseada de la manga

MEDIDAS DE PANTALÓN

Contorno de cintura .... ¼.....
Contorno de cadera .... ¼..... ½25

....
Bajada de cadera ....
Largo de tiro...................
Vuelta de tiro..................
Largo hasta rodilla..........
Largo hasta tobillo...........
Ancho de rodilla .... ¼.....
Ancho de tobillo .... ¼.....

Medida de comprobación:

Largo costura interior .....

Largura deseada del pantalón

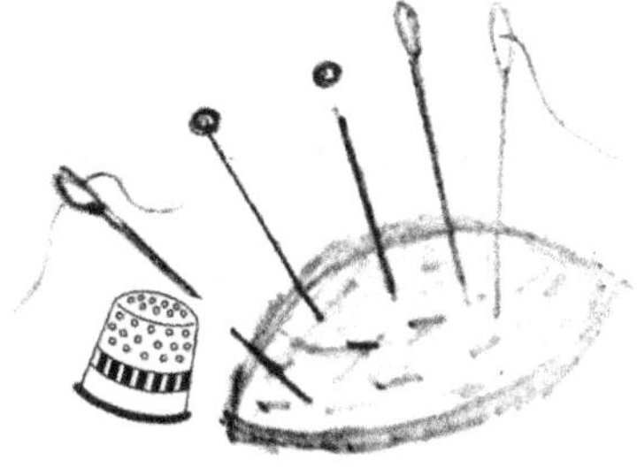

BOCETO DEL PROYECTO ✏

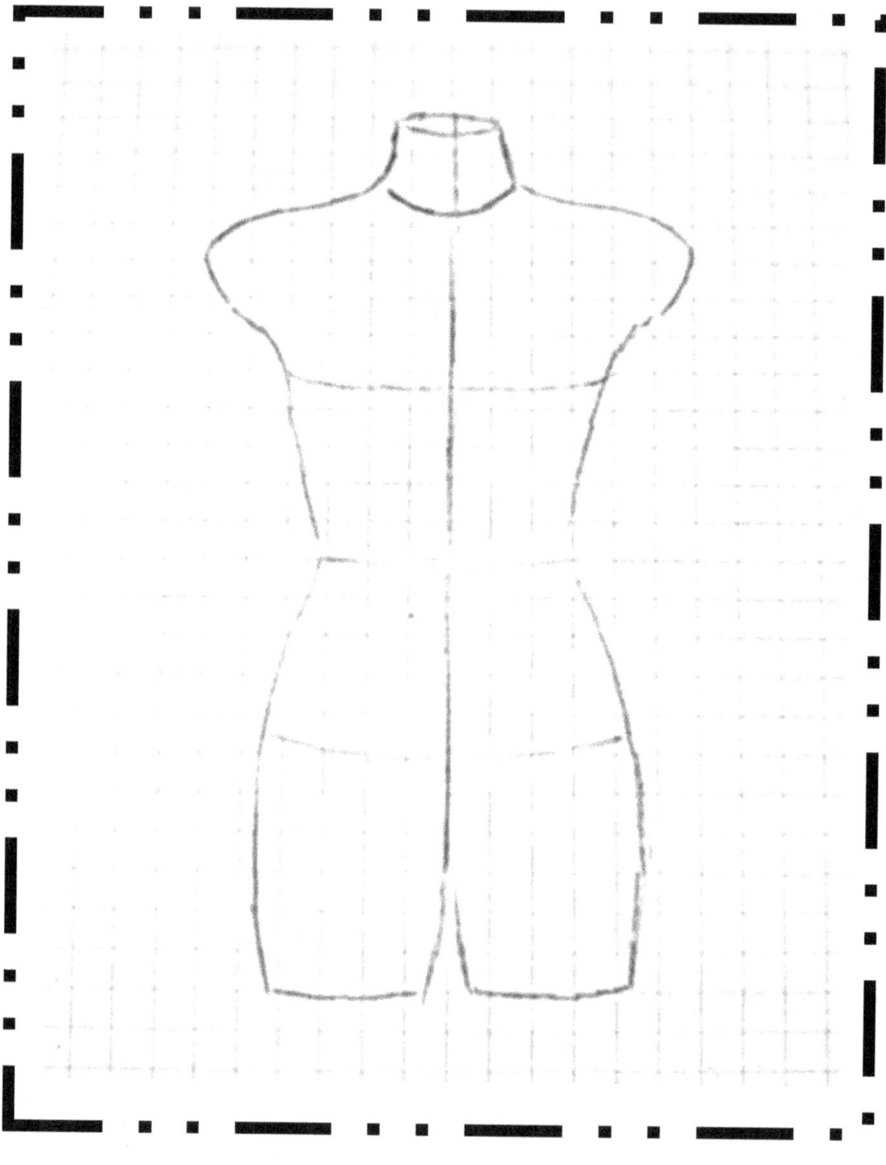

Nombre...

MEDIDAS DE CUERPO

Medidas unisex:

Largo talle espalda ....
Largo talle delantero.......
Ancho de espalda .... ½ ....
Costado...........................
Largo de sisa ....
Contorno de pecho.......... ¼ ....
Largo de hombro.............
Contorno de cintura........ ¼ ....
Contorno de cadera......... ¼ ....
Bajada de cadera.............

Exclusivas de mujer:

Caída del pecho ....
Distancia entre pechos.... ½ .....

Medida de comprobación:

Cuello .... ½ .....
Largo de escote ....

Largura de la prenda......

MEDIDAS DE FALDA

Contorno de cintura........ ¼
Contorno de cadera......... ½ .....¼
....
Bajada de cadera ....

Largura deseada de la falda

MEDIDAS DE MANGA

Largo de brazo ....
Largo de codo ....
Contorno de brazo .... ½
Contorno de muñeca ...... ½
Largura deseada de la manga

MEDIDAS DE PANTALÓN

Contorno de cintura .... ¼.....
Contorno de cadera .... ¼..... ¹⁄₂₅
....
Bajada de cadera ....
Largo de tiro....................
Vuelta de tiro..................
Largo hasta rodilla..........
Largo hasta tobillo...........
Ancho de rodilla .... ¼.....
Ancho de tobillo .... ¼.....

Medida de comprobación:

Largo costura interior .....

Largura deseada del pantalón

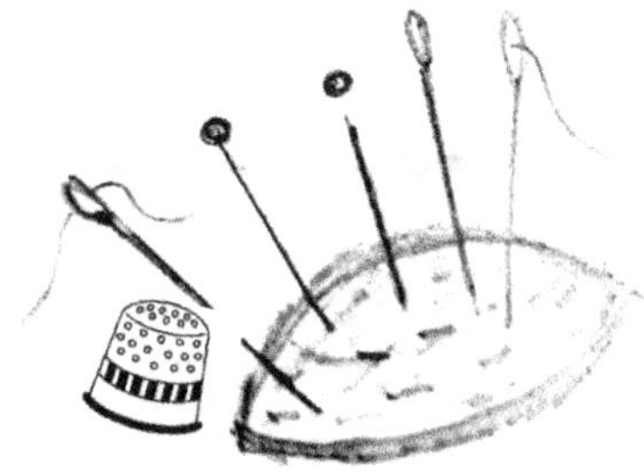

BOCETO DEL PROYECTO ✏️

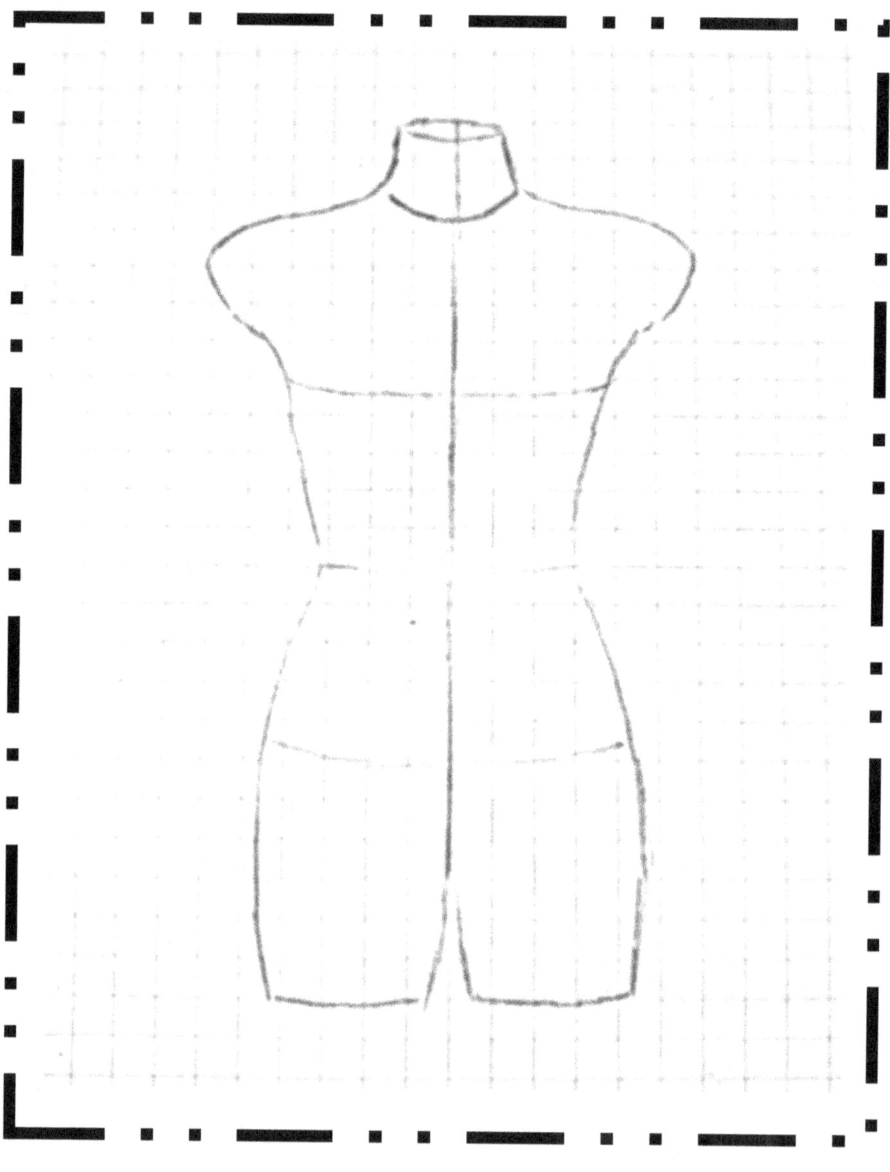

Nombre. . . . .

MEDIDAS DE CUERPO

Medidas unisex:

Largo talle espalda ....
Largo talle delantero.......
Ancho de espalda............ ½ ....
Costado............................
Largo de sisa ....
Contorno de pecho.......... ¼ ....
Largo de hombro.............
Contorno de cintura........ ¼ ....
Contorno de cadera......... ¼ ....
Bajada de cadera..............

Exclusivas de mujer:

Caída del pecho ....
Distancia entre pechos.... ½ .....

Medida de comprobación:

Cuello .... ½ .....
Largo de escote ....

Largura de la prenda......

MEDIDAS DE FALDA

Contorno de cintura........ ¼
Contorno de cadera......... ½ .....¼
....
Bajada de cadera ....

Largura deseada de la falda

MEDIDAS DE MANGA

Largo de brazo ....
Largo de codo ....
Contorno de brazo .... ½
Contorno de muñeca ...... ½
Largura deseada de la manga

MEDIDAS DE PANTALÓN

Contorno de cintura .... ¼.....
Contorno de cadera .... ¼..... ¹⁄₂₅
....
Bajada de cadera ....
Largo de tiro....................
Vuelta de tiro...................
Largo hasta rodilla...........
Largo hasta tobillo...........
Ancho de rodilla .... ¼.....
Ancho de tobillo .... ¼.....

Medida de comprobación:

Largo costura interior .....

Largura deseada del pantalón

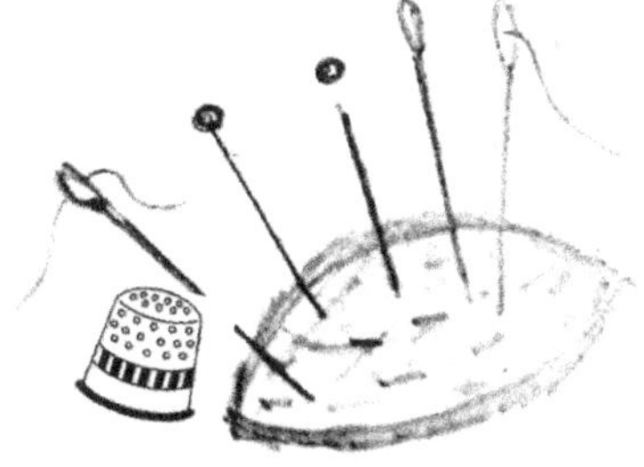

BOCETO DEL PROYECTO

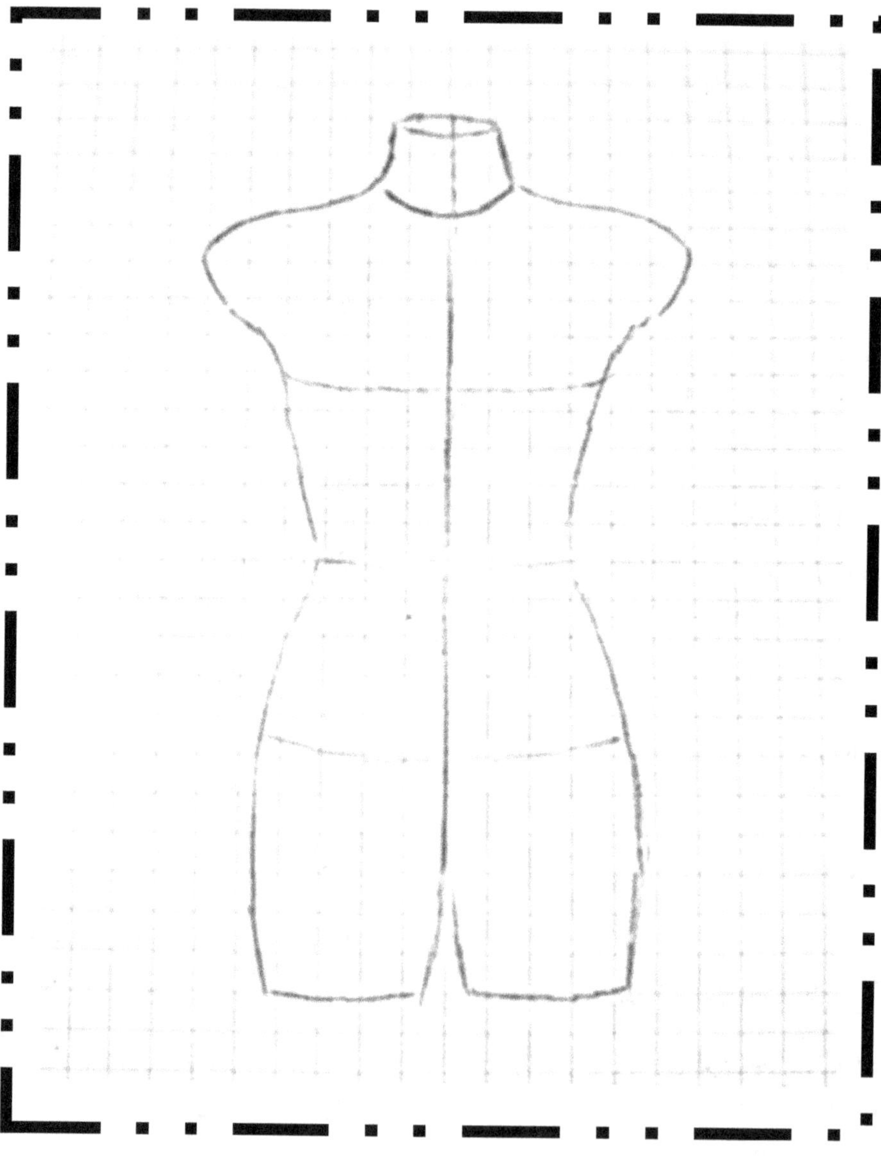

Nombre...

MEDIDAS DE CUERPO

Medidas unisex:

Largo talle espalda ....
Largo talle delantero.......
Ancho de espalda .... ½ ....
Costado............................
Largo de sisa ....
Contorno de pecho........... ¼ ....
Largo de hombro.............
Contorno de cintura........ ¼ ....
Contorno de cadera......... ¼ ....
Bajada de cadera.............

Exclusivas de mujer:

Caída del pecho ....
Distancia entre pechos.... ½ .....

Medida de comprobación:

Cuello .... ½ .....
Largo de escote ....

Largura de la prenda......

MEDIDAS DE FALDA

Contorno de cintura........ ¼
Contorno de cadera......... ½ .....¼

....

Bajada de cadera ....

Largura deseada de la falda

MEDIDAS DE MANGA

Largo de brazo ....
Largo de codo ....
Contorno de brazo .... ½
Contorno de muñeca ...... ½
Largura deseada de la manga

MEDIDAS DE PANTALÓN

Contorno de cintura .... ¼.....
Contorno de cadera .... ¼..... ¹⁄₂₅

....
Bajada de cadera ....
Largo de tiro.....................
Vuelta de tiro...................
Largo hasta rodilla...........
Largo hasta tobillo...........
Ancho de rodilla .... ¼.....
Ancho de tobillo .... ¼.....

Medida de comprobación:

Largo costura interior .....

Largura deseada del pantalón

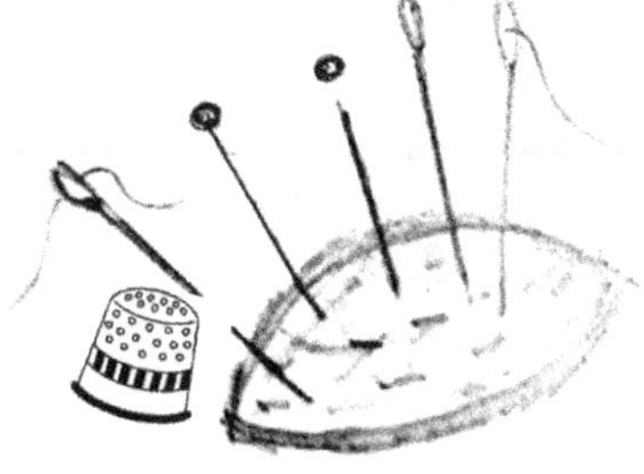

BOCETO DEL PROYECTO ✏️

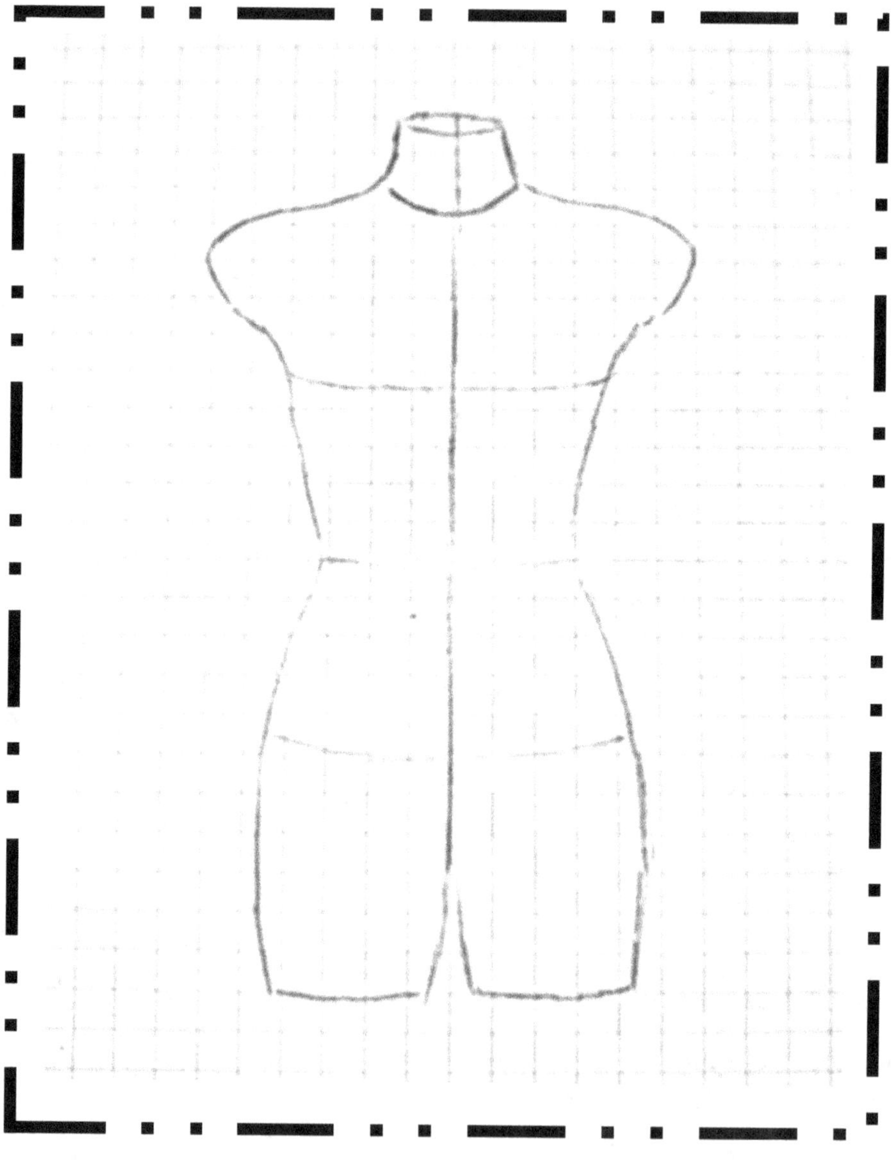

Nombre..

MEDIDAS DE CUERPO

Medidas unisex:

Largo talle espalda ....
Largo talle delantero.......
Ancho de espalda............ ½ ....
Costado..........................
Largo de sisa ....
Contorno de pecho.......... ¼ ....
Largo de hombro.............
Contorno de cintura........ ¼ ....
Contorno de cadera......... ¼ ....
Bajada de cadera..............

Exclusivas de mujer:

Caída del pecho ....
Distancia entre pechos.... ½ .....

Medida de comprobación:

Cuello .... ½ .....
Largo de escote ....

Largura de la prenda......

MEDIDAS DE MANGA

Largo de brazo ....
Largo de codo ....
Contorno de brazo .... ½
Contorno de muñeca ...... ½
Largura deseada de la manga

MEDIDAS DE PANTALÓN

Contorno de cintura .... ¼.....
Contorno de cadera .... ¼..... ¹⁄₂₅
....
Bajada de cadera ....
Largo de tiro....................
Vuelta de tiro...................
Largo hasta rodilla...........
Largo hasta tobillo...........
Ancho de rodilla .... ¼.....
Ancho de tobillo .... ¼.....

Medida de comprobación:

Largo costura interior .....

Largura deseada del pantalón

MEDIDAS DE FALDA

Contorno de cintura........ ¼
Contorno de cadera......... ½ .....¼
....
Bajada de cadera ....

Largura deseada de la falda

BOCETO DEL PROYECTO ✏️

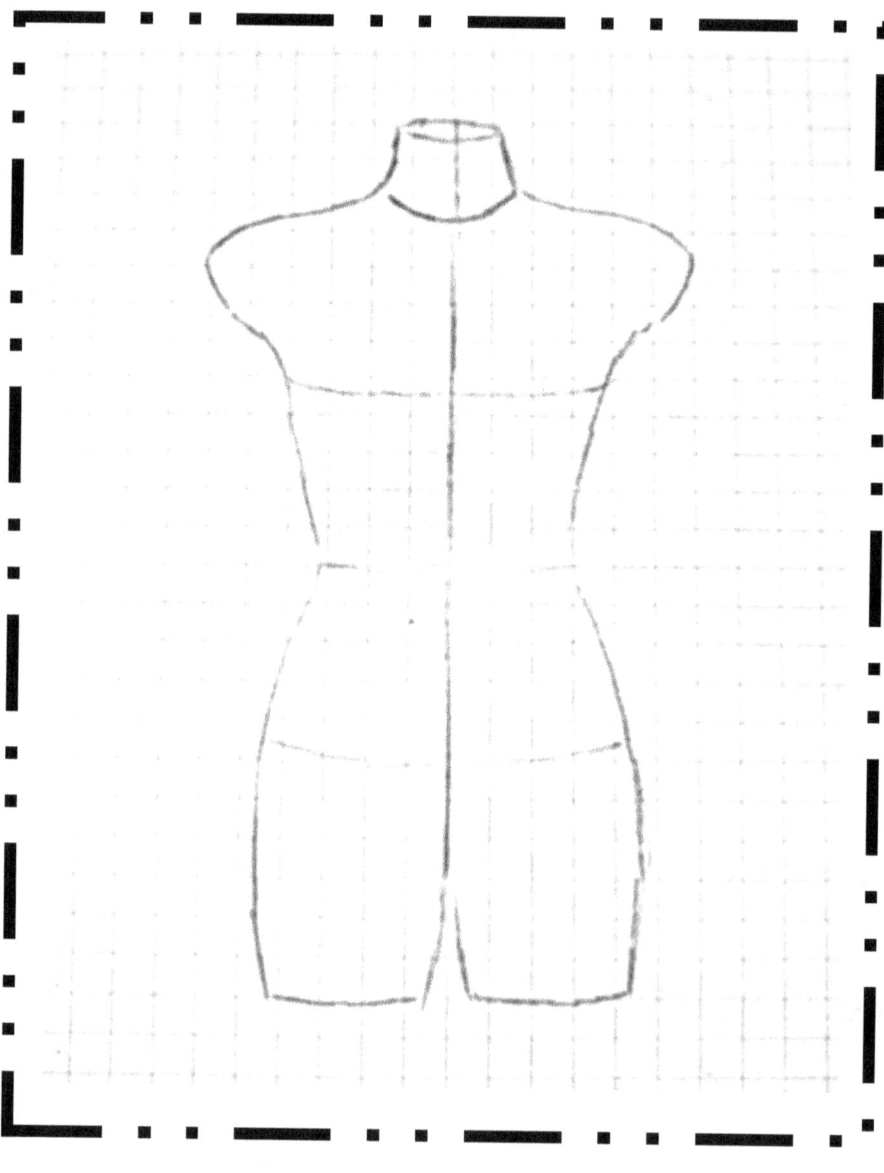

Nombre. . . . .

MEDIDAS DE CUERPO

Medidas unisex:

Largo talle espalda ....
Largo talle delantero.......
Ancho de espalda .... ½ ....
Costado...........................
Largo de sisa ....
Contorno de pecho.......... ¼ ....
Largo de hombro.............
Contorno de cintura........ ¼ ....
Contorno de cadera......... ¼ ....
Bajada de cadera.............

Exclusivas de mujer:

Caída del pecho ....
Distancia entre pechos.... ½ .....

Medida de comprobación:

Cuello .... ½ .....
Largo de escote ....

Largura de la prenda......

MEDIDAS DE FALDA

Contorno de cintura........ ¼
Contorno de cadera......... ½ .....¼
....
Bajada de cadera ....

Largura deseada de la falda

MEDIDAS DE MANGA

Largo de brazo ....
Largo de codo ....
Contorno de brazo .... ½
Contorno de muñeca ...... ½
Largura deseada de la manga

MEDIDAS DE PANTALÓN

Contorno de cintura .... ¼.....
Contorno de cadera .... ¼..... ½₂₅
....
Bajada de cadera ....
Largo de tiro...................
Vuelta de tiro..................
Largo hasta rodilla...........
Largo hasta tobillo...........
Ancho de rodilla .... ¼.....
Ancho de tobillo .... ¼.....

Medida de comprobación:

Largo costura interior .....

Largura deseada del pantalón

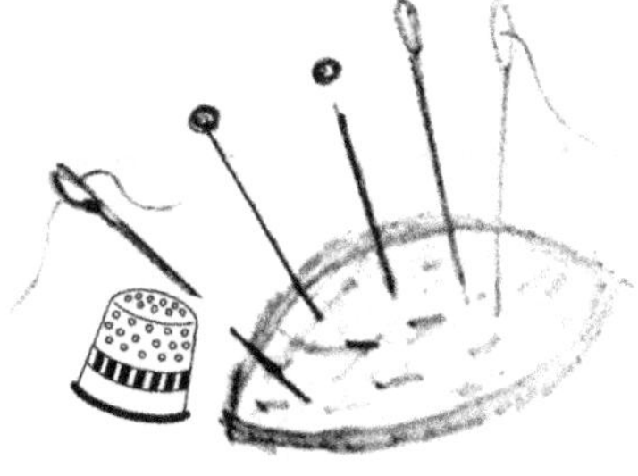

BOCETO DEL PROYECTO

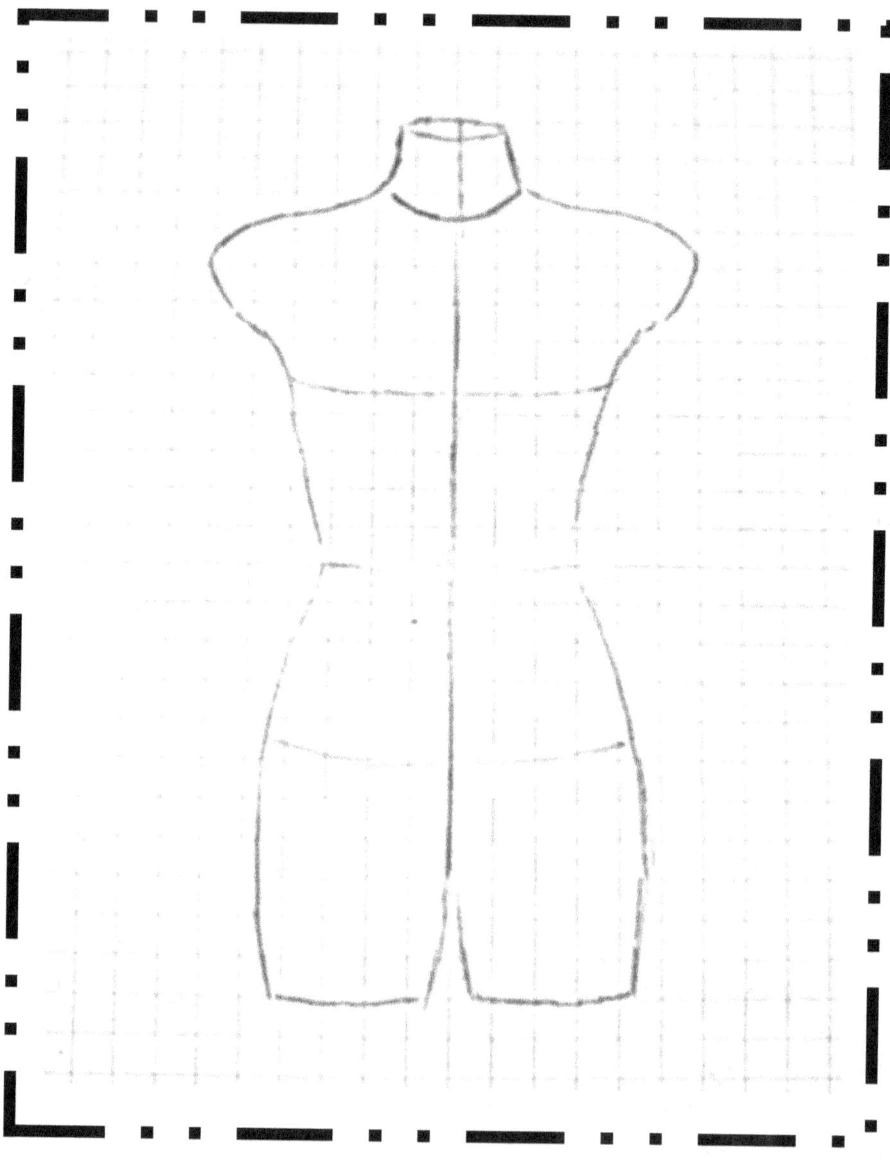

Nombre . . . .

MEDIDAS DE CUERPO

Medidas unisex:

Largo talle espalda ....
Largo talle delantero ....
Ancho de espalda .... ½ ....
Costado ....
Largo de sisa ....
Contorno de pecho .... ¼ ....
Largo de hombro ....
Contorno de cintura .... ¼ ....
Contorno de cadera .... ¼ ....
Bajada de cadera ....

Exclusivas de mujer:

Caída del pecho ....
Distancia entre pechos .... ½ .....

Medida de comprobación:

Cuello .... ½ .....
Largo de escote ....

Largura de la prenda ......

MEDIDAS DE MANGA

Largo de brazo ....
Largo de codo ....
Contorno de brazo .... ½
Contorno de muñeca ...... ½
Largura deseada de la manga

MEDIDAS DE PANTALÓN

Contorno de cintura .... ¼ .....
Contorno de cadera .... ¼ ..... ¹⁄₂₅
....
Bajada de cadera ....
Largo de tiro ....
Vuelta de tiro ....
Largo hasta rodilla ....
Largo hasta tobillo ....
Ancho de rodilla .... ¼ .....
Ancho de tobillo .... ¼ .....

Medida de comprobación:

Largo costura interior .....

Largura deseada del pantalón

MEDIDAS DE FALDA

Contorno de cintura .... ¼
Contorno de cadera .... ½ ..... ¼
....
Bajada de cadera ....

Largura deseada de la falda

BOCETO DEL PROYECTO

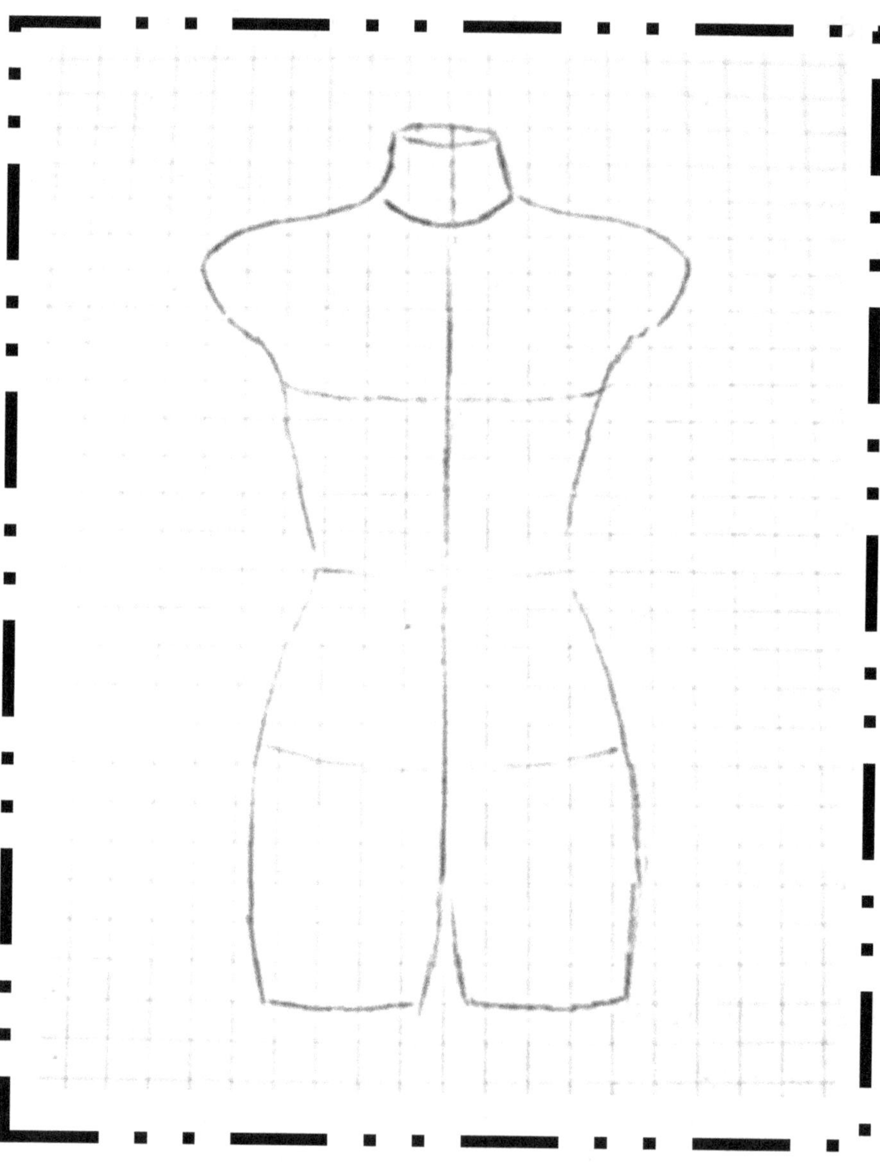

Nombre. . . . .

MEDIDAS DE CUERPO

Medidas unisex:

Largo talle espalda ....
Largo talle delantero.......
Ancho de espalda............ ½ ....
Costado...........................
Largo de sisa ....
Contorno de pecho.......... ¼ ....
Largo de hombro.............
Contorno de cintura........ ¼ ....
Contorno de cadera......... ¼ ....
Bajada de cadera.............

Exclusivas de mujer:

Caída del pecho ....
Distancia entre pechos.... ½ .....

Medida de comprobación:

Cuello .... ½ .....
Largo de escote ....

Largura de la prenda......

MEDIDAS DE FALDA

Contorno de cintura........ ¼
Contorno de cadera......... ½ .....¼

....

Bajada de cadera ....

Largura deseada de la falda

MEDIDAS DE MANGA

Largo de brazo ....
Largo de codo ....
Contorno de brazo .... ½
Contorno de muñeca ...... ½
Largura deseada de la manga

MEDIDAS DE PANTALÓN

Contorno de cintura .... ¼.....
Contorno de cadera .... ¼..... ¹⁄₂₅

....
Bajada de cadera ....
Largo de tiro ....
Vuelta de tiro...................
Largo hasta rodilla...........
Largo hasta tobillo...........
Ancho de rodilla .... ¼.....
Ancho de tobillo .... ¼.....

Medida de comprobación:

Largo costura interior .....

Largura deseada del pantalón

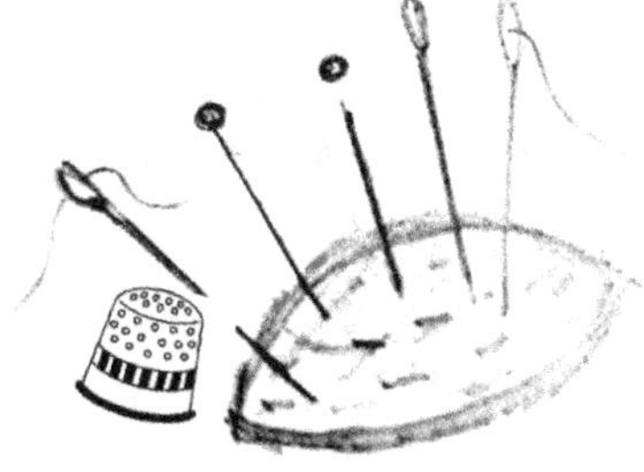

BOCETO DEL PROYECTO ✏️

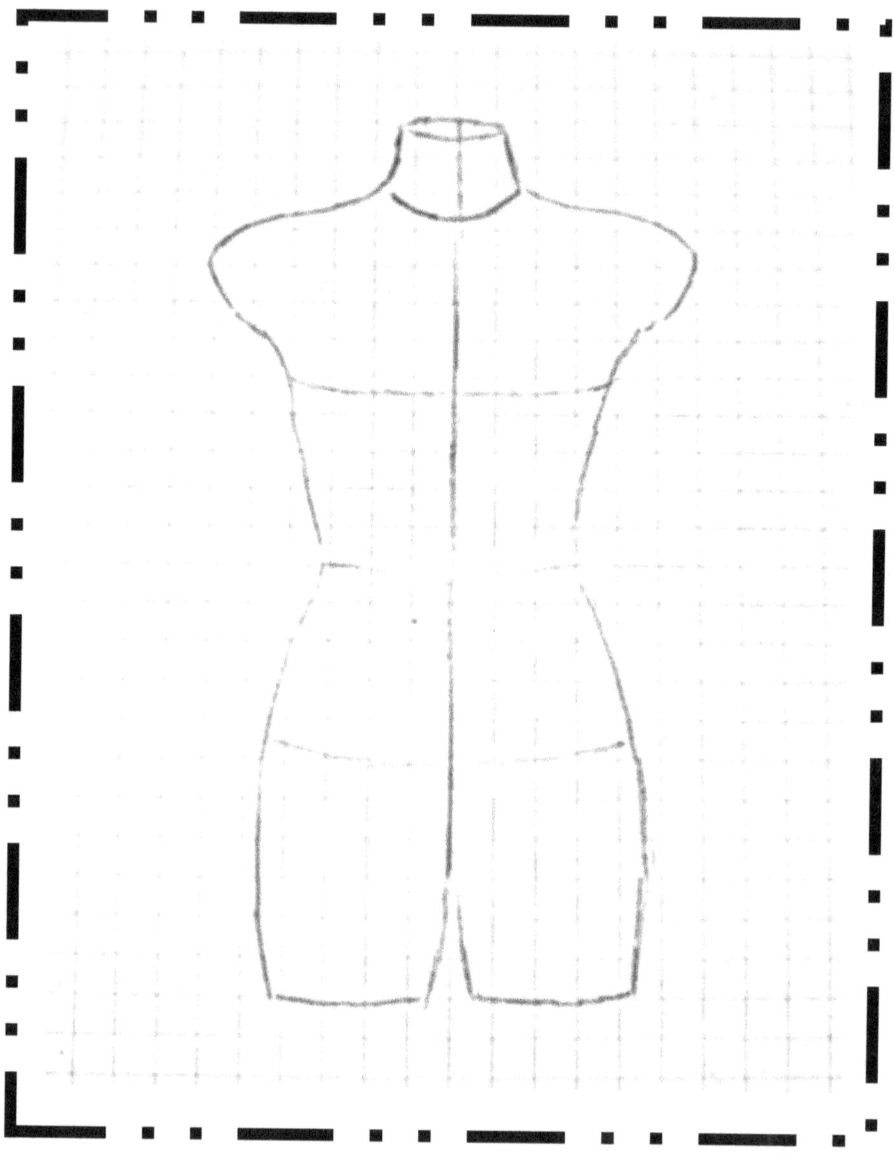

Nombre . . . .

MEDIDAS DE CUERPO

Medidas unisex:

Largo talle espalda ....
Largo talle delantero.......
Ancho de espalda............ ½ ....
Costado...........................
Largo de sisa ....
Contorno de pecho.......... ¼ ....
Largo de hombro.............
Contorno de cintura........ ¼ ....
Contorno de cadera......... ¼ ....
Bajada de cadera..............

Exclusivas de mujer:

Caída del pecho ....
Distancia entre pechos.... ½ .....

Medida de comprobación:

Cuello .... ½ .....
Largo de escote ....

Largura de la prenda......

MEDIDAS DE FALDA

Contorno de cintura........ ¼
Contorno de cadera......... ½ .....¼
....
Bajada de cadera ....

Largura deseada de la falda

MEDIDAS DE MANGA

Largo de brazo ....
Largo de codo ....
Contorno de brazo .... ½
Contorno de muñeca ...... ½
Largura deseada de la manga

MEDIDAS DE PANTALÓN

Contorno de cintura .... ¼.....
Contorno de cadera .... ¼..... ⅟₂₅
....
Bajada de cadera ....
Largo de tiro...................
Vuelta de tiro..................
Largo hasta rodilla...........
Largo hasta tobillo..........
Ancho de rodilla .... ¼.....
Ancho de tobillo .... ¼.....

Medida de comprobación:

Largo costura interior .....

Largura deseada del pantalón

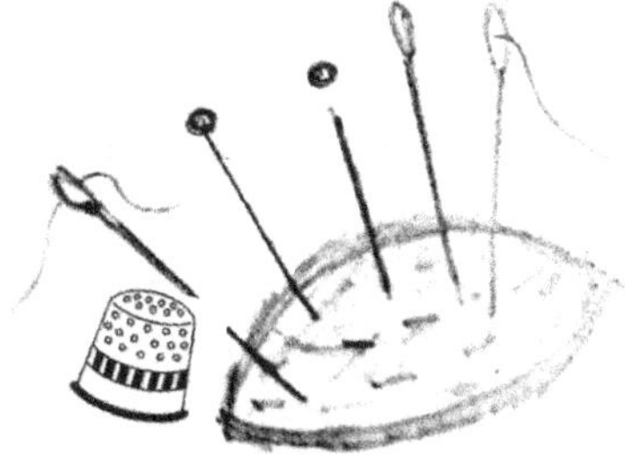

BOCETO DEL PROYECTO ✏️

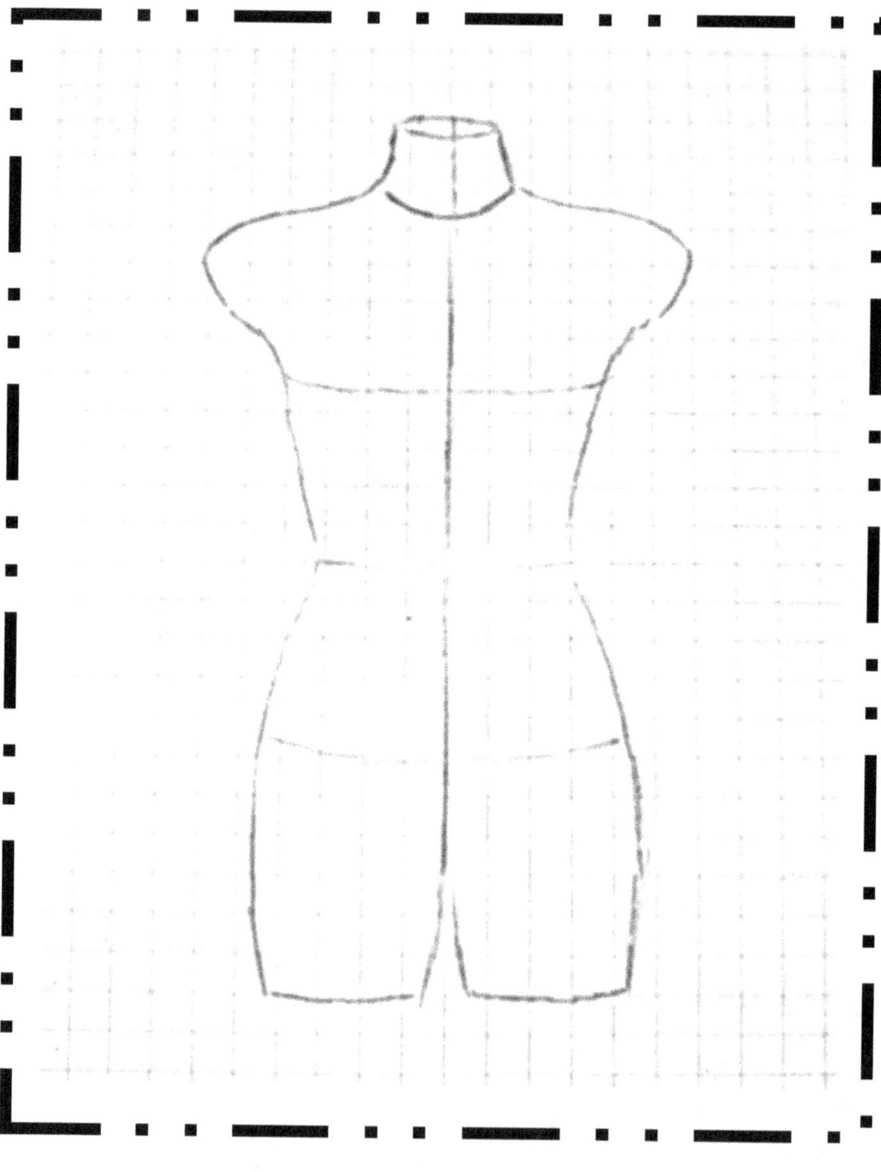

Nombre...

MEDIDAS DE CUERPO

Medidas unisex:

Largo talle espalda ....
Largo talle delantero.......
Ancho de espalda .... ½ ....
Costado...........................
Largo de sisa ....
Contorno de pecho.......... ¼ ....
Largo de hombro.............
Contorno de cintura........ ¼ ....
Contorno de cadera......... ¼ ....
Bajada de cadera.............

Exclusivas de mujer:

Caída del pecho ....
Distancia entre pechos.... ½ .....

Medida de comprobación:

Cuello .... ½ .....
Largo de escote ....

Largura de la prenda......

MEDIDAS DE FALDA

Contorno de cintura........ ¼
Contorno de cadera......... ½ .....¼
....
Bajada de cadera ....

Largura deseada de la falda

MEDIDAS DE MANGA

Largo de brazo ....
Largo de codo ....
Contorno de brazo .... ½
Contorno de muñeca ...... ½
Largura deseada de la manga

MEDIDAS DE PANTALÓN

Contorno de cintura .... ¼.....
Contorno de cadera .... ¼..... ¹⁄₂₅
....
Bajada de cadera ....
Largo de tiro...................
Vuelta de tiro...................
Largo hasta rodilla..........
Largo hasta tobillo...........
Ancho de rodilla .... ¼.....
Ancho de tobillo .... ¼.....

Medida de comprobación:

Largo costura interior .....

Largura deseada del pantalón

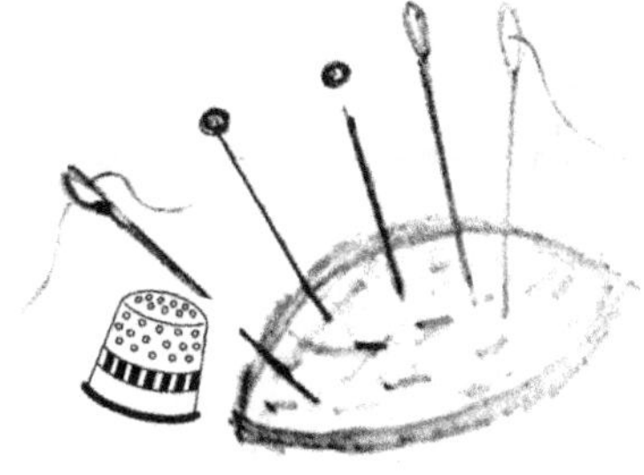

BOCETO DEL PROYECTO ✏️

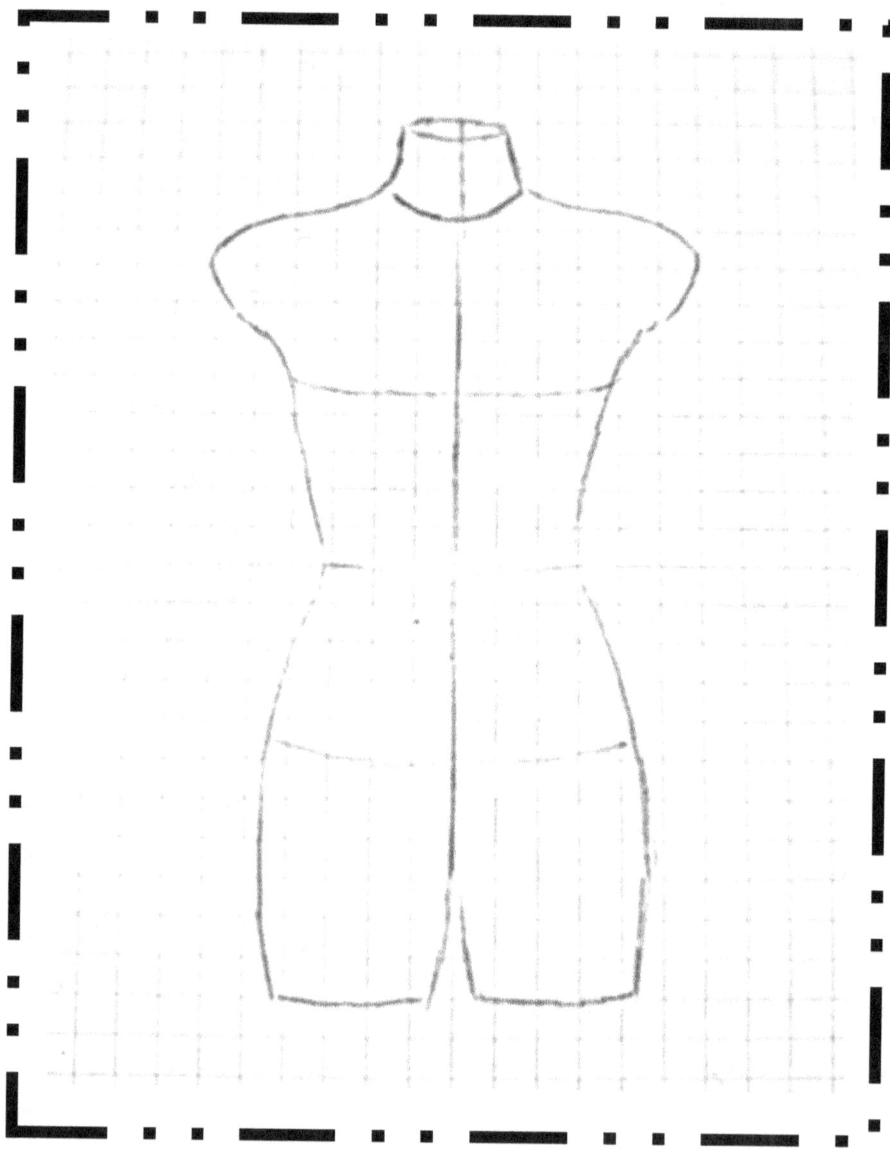

Nombre . . . .

MEDIDAS DE CUERPO

Medidas unisex:

Largo talle espalda ....
Largo talle delantero ....
Ancho de espalda .... ½ ....
Costado ....
Largo de sisa ....
Contorno de pecho .... ¼ ....
Largo de hombro ....
Contorno de cintura .... ¼ ....
Contorno de cadera .... ¼ ....
Bajada de cadera ....

Exclusivas de mujer:

Caída del pecho ....
Distancia entre pechos .... ½ .....

Medida de comprobación:

Cuello .... ½ .....
Largo de escote ....

Largura de la prenda ......

MEDIDAS DE FALDA

Contorno de cintura .... ¼
Contorno de cadera .... ½ ..... ¼

....

Bajada de cadera ....

Largura deseada de la falda

MEDIDAS DE MANGA

Largo de brazo ....
Largo de codo ....
Contorno de brazo .... ½
Contorno de muñeca ...... ½
Largura deseada de la manga

MEDIDAS DE PANTALÓN

Contorno de cintura .... ¼ .....
Contorno de cadera .... ¼ ..... ¹⁄₂₅

....

Bajada de cadera ....
Largo de tiro ....
Vuelta de tiro ....
Largo hasta rodilla ....
Largo hasta tobillo ....
Ancho de rodilla .... ¼ .....
Ancho de tobillo .... ¼ .....

Medida de comprobación:

Largo costura interior .....

Largura deseada del pantalón

BOCETO DEL PROYECTO

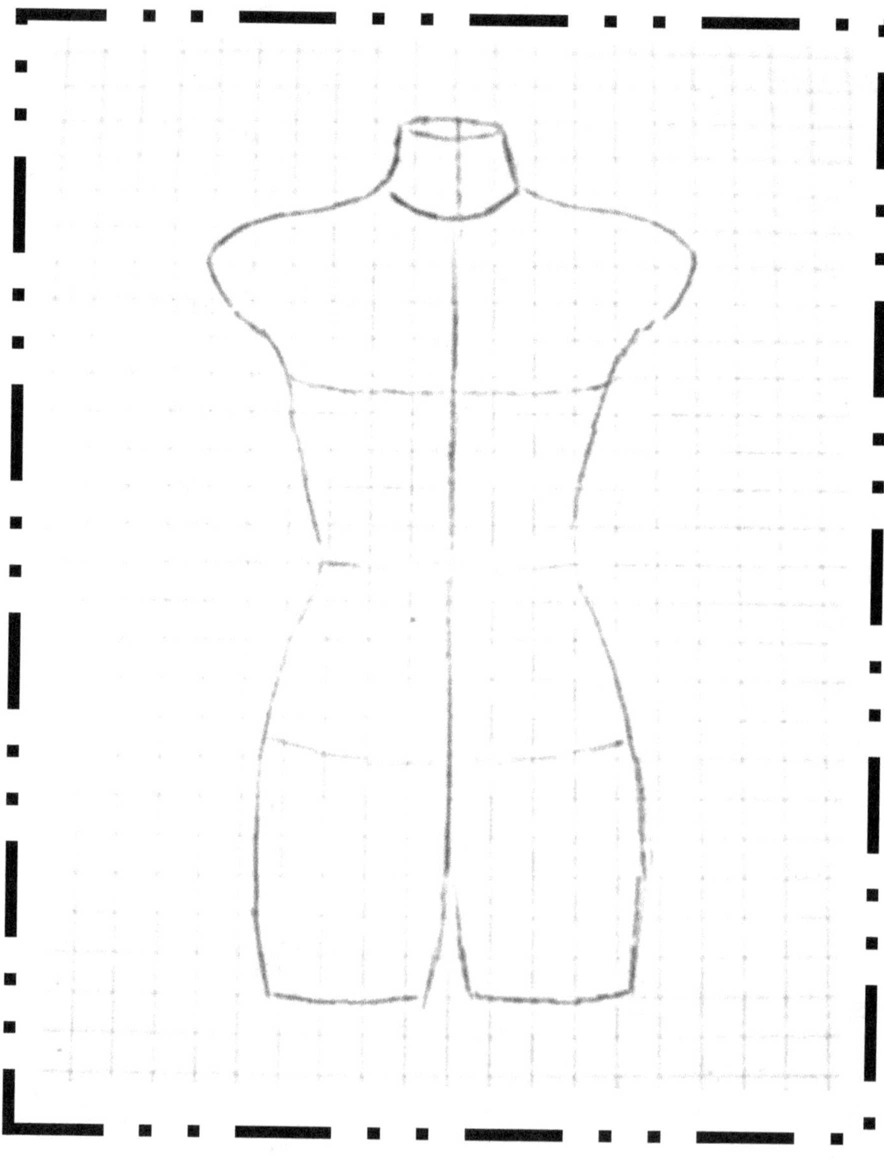

Nombre...

MEDIDAS DE CUERPO

Medidas unisex:

Largo talle espalda ....
Largo talle delantero.......
Ancho de espalda .... ½ ....
Costado..........................
Largo de sisa ....
Contorno de pecho.......... ¼ ....
Largo de hombro............
Contorno de cintura........ ¼ ....
Contorno de cadera......... ¼ ....
Bajada de cadera.............

Exclusivas de mujer:

Caída del pecho ....
Distancia entre pechos.... ½ .....

Medida de comprobación:

Cuello .... ½ .....
Largo de escote ....

Largura de la prenda......

MEDIDAS DE MANGA

Largo de brazo ....
Largo de codo ....
Contorno de brazo .... ½
Contorno de muñeca ...... ½
Largura deseada de la manga

MEDIDAS DE PANTALÓN

Contorno de cintura .... ¼.....
Contorno de cadera .... ¼..... ¹⁄₂₅
....
Bajada de cadera ....
Largo de tiro...................
Vuelta de tiro...................
Largo hasta rodilla...........
Largo hasta tobillo...........
Ancho de rodilla .... ¼.....
Ancho de tobillo .... ¼.....

Medida de comprobación:

Largo costura interior .....

Largura deseada del pantalón

MEDIDAS DE FALDA

Contorno de cintura........ ¼
Contorno de cadera......... ½ .....¼
....
Bajada de cadera ....

Largura deseada de la falda

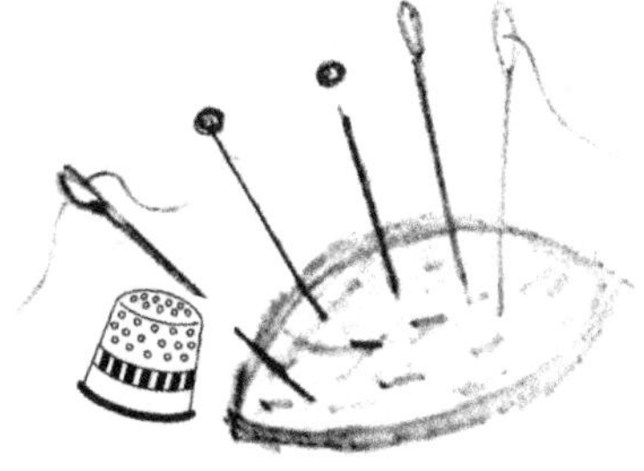

BOCETO DEL PROYECTO ✏️

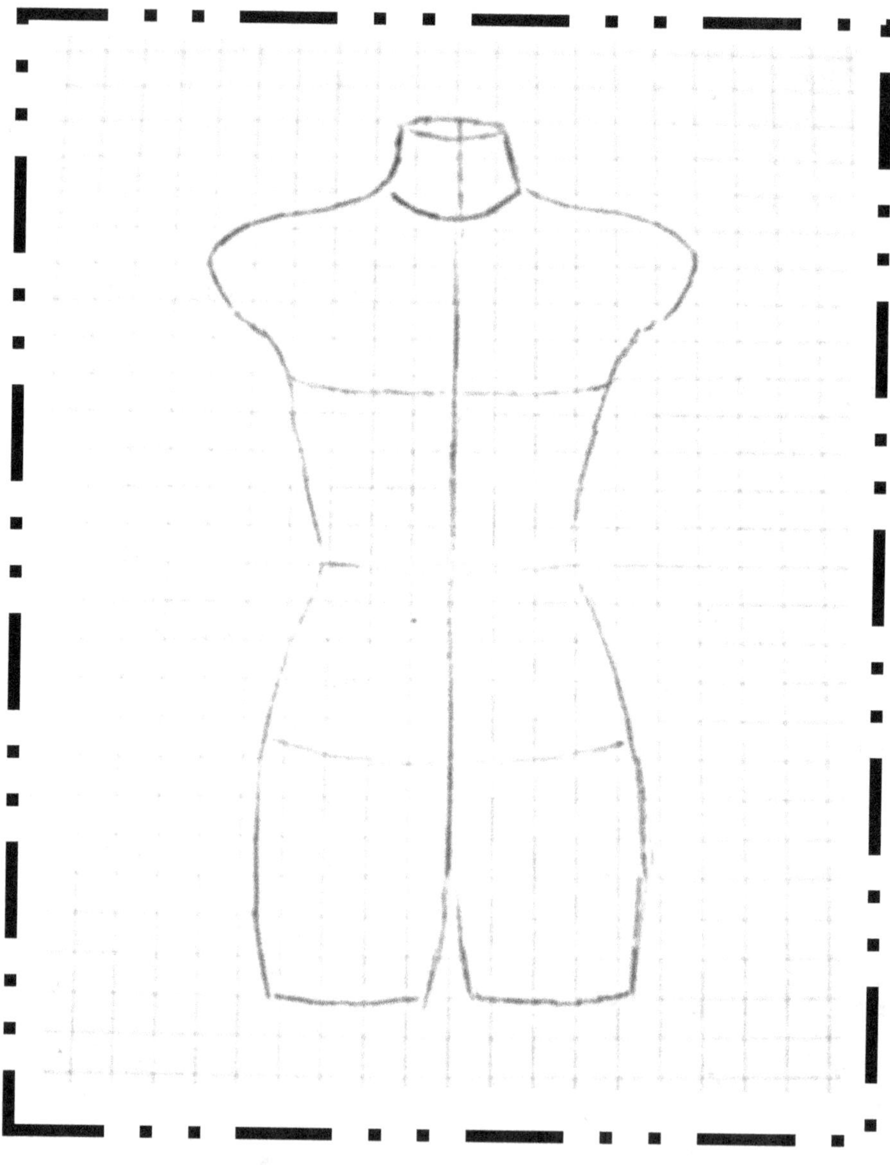

Nombre...

MEDIDAS DE CUERPO

Medidas unisex:

Largo talle espalda ....
Largo talle delantero.......
Ancho de espalda............ ½ ....
Costado............................
Largo de sisa ....
Contorno de pecho.......... ¼ ....
Largo de hombro.............
Contorno de cintura........ ¼ ....
Contorno de cadera......... ¼ ....
Bajada de cadera.............

Exclusivas de mujer:

Caída del pecho ....
Distancia entre pechos.... ½ .....

Medida de comprobación:

Cuello .... ½ .....
Largo de escote ....

Largura de la prenda......

MEDIDAS DE FALDA

Contorno de cintura........ ¼
Contorno de cadera......... ½ .....¼
....
Bajada de cadera ....

Largura deseada de la falda

MEDIDAS DE MANGA

Largo de brazo ....
Largo de codo ....
Contorno de brazo .... ½
Contorno de muñeca ...... ½
Largura deseada de la manga

MEDIDAS DE PANTALÓN

Contorno de cintura .... ¼.....
Contorno de cadera .... ¼..... ½₂₅
....
Bajada de cadera ....
Largo de tiro....................
Vuelta de tiro..................
Largo hasta rodilla...........
Largo hasta tobillo...........
Ancho de rodilla .... ¼.....
Ancho de tobillo .... ¼.....

Medida de comprobación:

Largo costura interior .....

Largura deseada del pantalón

BOCETO DEL PROYECTO

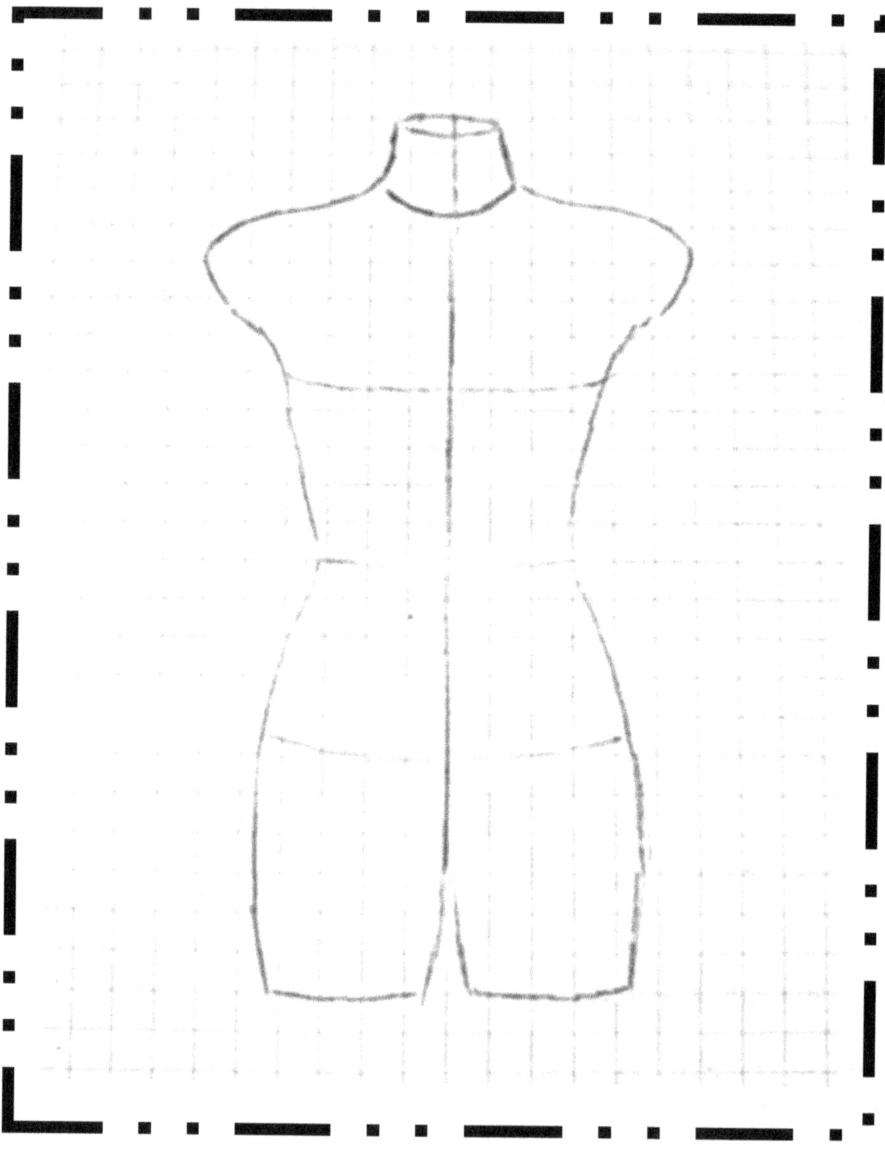

Nombre..

MEDIDAS DE CUERPO

Medidas unisex:

Largo talle espalda ....
Largo talle delantero.......
Ancho de espalda............ ½ ....
Costado............................
Largo de sisa ....
Contorno de pecho.......... ¼ ....
Largo de hombro.............
Contorno de cintura........ ¼ ....
Contorno de cadera......... ¼ ....
Bajada de cadera.............

Exclusivas de mujer:

Caída del pecho ....
Distancia entre pechos.... ½ .....

Medida de comprobación:

Cuello .... ½ .....
Largo de escote ....

Largura de la prenda......

MEDIDAS DE MANGA

Largo de brazo ....
Largo de codo ....
Contorno de brazo .... ½
Contorno de muñeca ...... ½
Largura deseada de la manga

MEDIDAS DE PANTALÓN

Contorno de cintura .... ¼.....
Contorno de cadera .... ¼..... ½25

....
Bajada de cadera ....
Largo de tiro ....
Vuelta de tiro...................
Largo hasta rodilla...........
Largo hasta tobillo...........
Ancho de rodilla .... ¼.....
Ancho de tobillo .... ¼.....

Medida de comprobación:

Largo costura interior .....

Largura deseada del pantalón

MEDIDAS DE FALDA

Contorno de cintura........ ¼
Contorno de cadera......... ½ .....¼

....
Bajada de cadera ....

Largura deseada de la falda

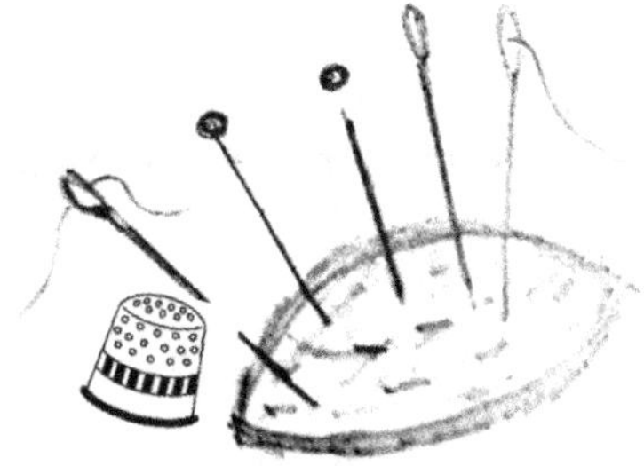

BOCETO DEL PROYECTO ✏️

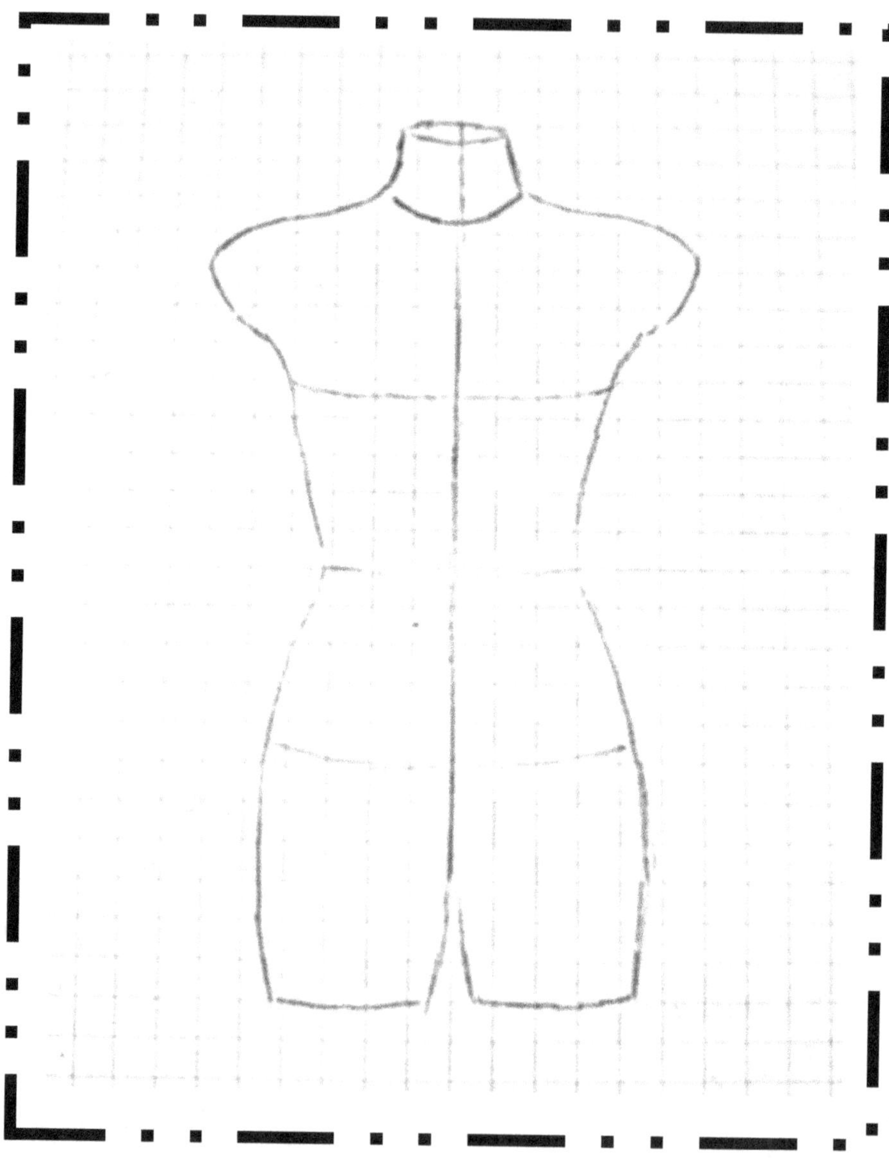

MEDIDAS DE CUERPO

Medidas unisex:

Largo talle espalda ....
Largo talle delantero.......
Ancho de espalda............ ½ ....
Costado...........................
Largo de sisa ....
Contorno de pecho.......... ¼ ....
Largo de hombro.............
Contorno de cintura........ ¼ ....
Contorno de cadera......... ¼ ....
Bajada de cadera..............

Exclusivas de mujer:

Caída del pecho ....
Distancia entre pechos.... ½ .....

Medida de comprobación:

Cuello .... ½ .....
Largo de escote ....

Largura de la prenda......

MEDIDAS DE FALDA

Contorno de cintura........ ¼
Contorno de cadera......... ½ .....¼
....
Bajada de cadera ....

Largura deseada de la falda

MEDIDAS DE MANGA

Largo de brazo ....
Largo de codo ....
Contorno de brazo .... ½
Contorno de muñeca ...... ½
Largura deseada de la manga

MEDIDAS DE PANTALÓN

Contorno de cintura .... ¼.....
Contorno de cadera .... ¼..... ¹⁄₂₅
....
Bajada de cadera ....
Largo de tiro...................
Vuelta de tiro..................
Largo hasta rodilla..........
Largo hasta tobillo..........
Ancho de rodilla .... ¼.....
Ancho de tobillo .... ¼.....

Medida de comprobación:

Largo costura interior .....

Largura deseada del pantalón

BOCETO DEL PROYECTO

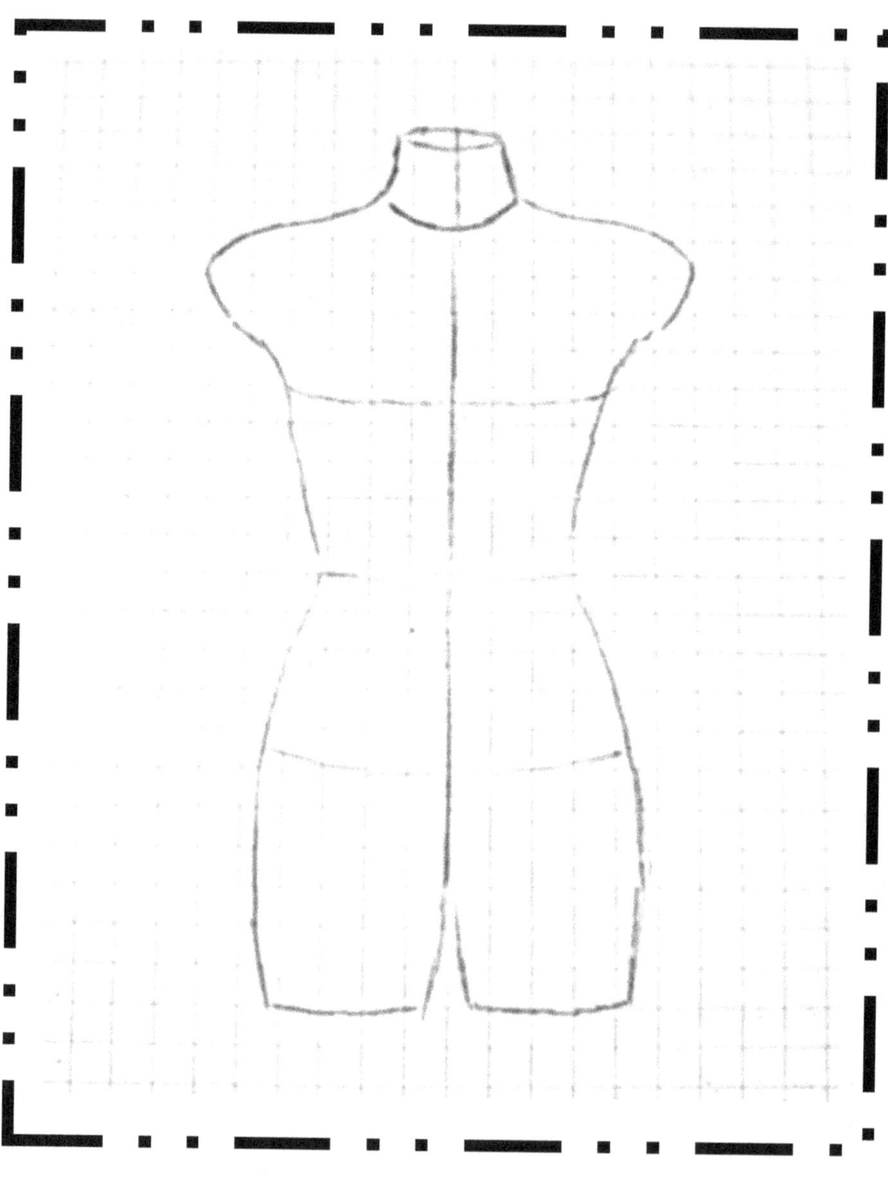

Nombre..

MEDIDAS DE CUERPO

Medidas unisex:

Largo talle espalda ....
Largo talle delantero.......
Ancho de espalda .... ½ ....
Costado...........................
Largo de sisa ....
Contorno de pecho.......... ¼ ....
Largo de hombro.............
Contorno de cintura........ ¼ ....
Contorno de cadera......... ¼ ....
Bajada de cadera..............

Exclusivas de mujer:

Caída del pecho ....
Distancia entre pechos.... ½ .....

Medida de comprobación:

Cuello .... ½ .....
Largo de escote ....

Largura de la prenda......

MEDIDAS DE FALDA

Contorno de cintura........ ¼
Contorno de cadera......... ½ .....¼

....

Bajada de cadera ....

Largura deseada de la falda

MEDIDAS DE MANGA

Largo de brazo ....
Largo de codo ....
Contorno de brazo .... ½
Contorno de muñeca ...... ½
Largura deseada de la manga

MEDIDAS DE PANTALÓN

Contorno de cintura .... ¼.....
Contorno de cadera .... ¼..... ¹⁄₂₅

....
Bajada de cadera ....
Largo de tiro....................
Vuelta de tiro...................
Largo hasta rodilla...........
Largo hasta tobillo...........
Ancho de rodilla .... ¼.....
Ancho de tobillo .... ¼.....

Medida de comprobación:

Largo costura interior .....

Largura deseada del pantalón

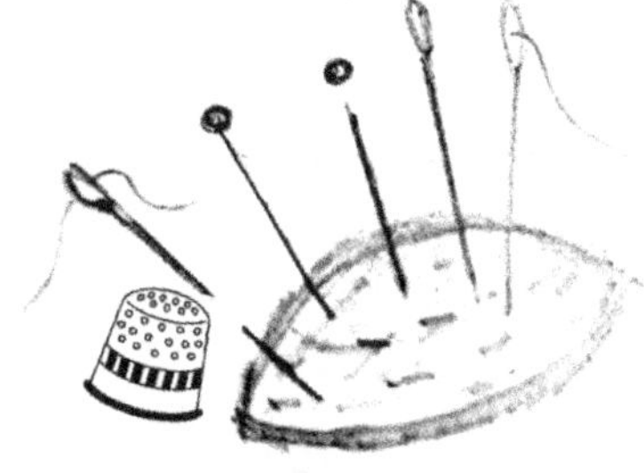

BOCETO DEL PROYECTO ✏️

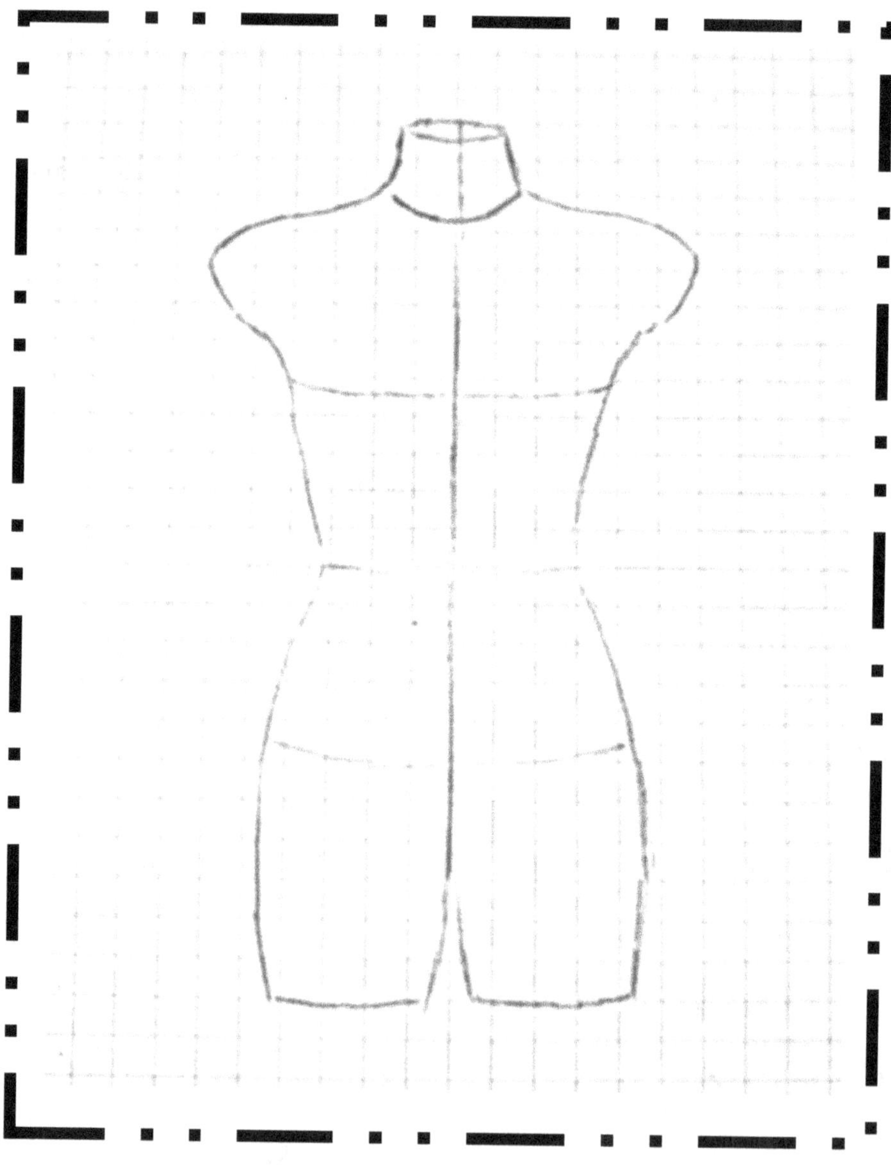

Nombre......................................

MEDIDAS DE CUERPO

Medidas unisex:

Largo talle espalda ....
Largo talle delantero.......
Ancho de espalda............ ½ ....
Costado............................
Largo de sisa ....
Contorno de pecho.......... ¼ ....
Largo de hombro.............
Contorno de cintura........ ¼ ....
Contorno de cadera......... ¼ ....
Bajada de cadera..............

Exclusivas de mujer:

Caída del pecho ....
Distancia entre pechos.... ½ .....

Medida de comprobación:

Cuello .... ½ .....
Largo de escote ....

Largura de la prenda......

MEDIDAS DE FALDA

Contorno de cintura........ ¼
Contorno de cadera......... ½ .....¼

....
Bajada de cadera ....

Largura deseada de la falda

MEDIDAS DE MANGA

Largo de brazo ....
Largo de codo ....
Contorno de brazo .... ½
Contorno de muñeca ...... ½
Largura deseada de la manga

MEDIDAS DE PANTALÓN

Contorno de cintura .... ¼.....
Contorno de cadera .... ¼..... ½25

....
Bajada de cadera ....
Largo de tiro...................
Vuelta de tiro..................
Largo hasta rodilla..........
Largo hasta tobillo..........
Ancho de rodilla .... ¼.....
Ancho de tobillo .... ¼.....

Medida de comprobación:

Largo costura interior .....

Largura deseada del pantalón

BOCETO DEL PROYECTO ✏️

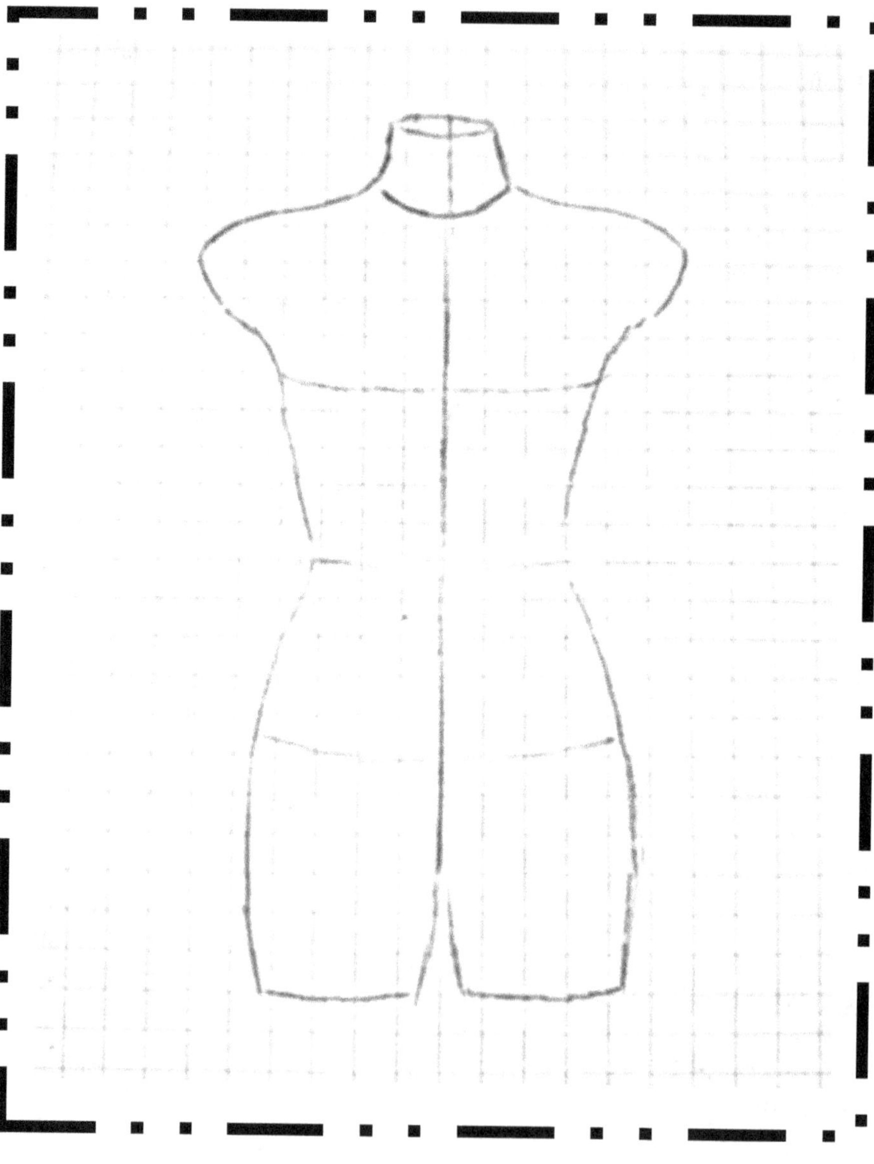

Nombre..

MEDIDAS DE CUERPO

Medidas unisex:

Largo talle espalda ....
Largo talle delantero.......
Ancho de espalda............ ½ ....
Costado...........................
Largo de sisa ....
Contorno de pecho.......... ¼ ....
Largo de hombro.............
Contorno de cintura........ ¼ ....
Contorno de cadera......... ¼ ....
Bajada de cadera.............

Exclusivas de mujer:

Caída del pecho ....
Distancia entre pechos.... ½ .....

Medida de comprobación:

Cuello .... ½ .....
Largo de escote ....

Largura de la prenda......

MEDIDAS DE FALDA

Contorno de cintura........ ¼
Contorno de cadera......... ½ .....¼

....
Bajada de cadera ....

Largura deseada de la falda

MEDIDAS DE MANGA

Largo de brazo ....
Largo de codo ....
Contorno de brazo .... ½
Contorno de muñeca ...... ½
Largura deseada de la manga

MEDIDAS DE PANTALÓN

Contorno de cintura .... ¼.....
Contorno de cadera .... ¼..... ¹⁄₂₅

....
Bajada de cadera ....
Largo de tiro ....
Vuelta de tiro...................
Largo hasta rodilla..........
Largo hasta tobillo...........
Ancho de rodilla .... ¼.....
Ancho de tobillo .... ¼.....

Medida de comprobación:

Largo costura interior .....

Largura deseada del pantalón

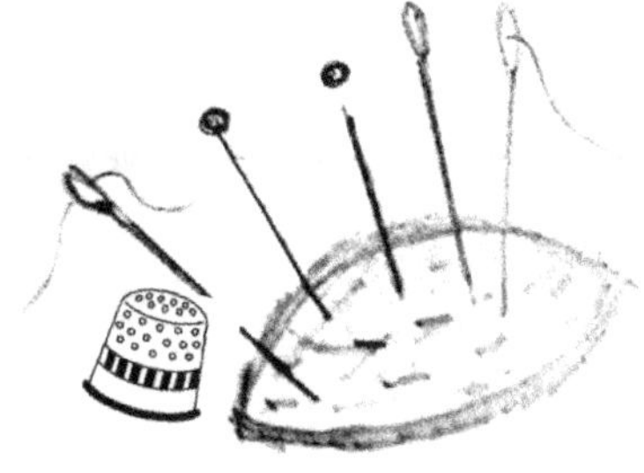

BOCETO DEL PROYECTO ✏️

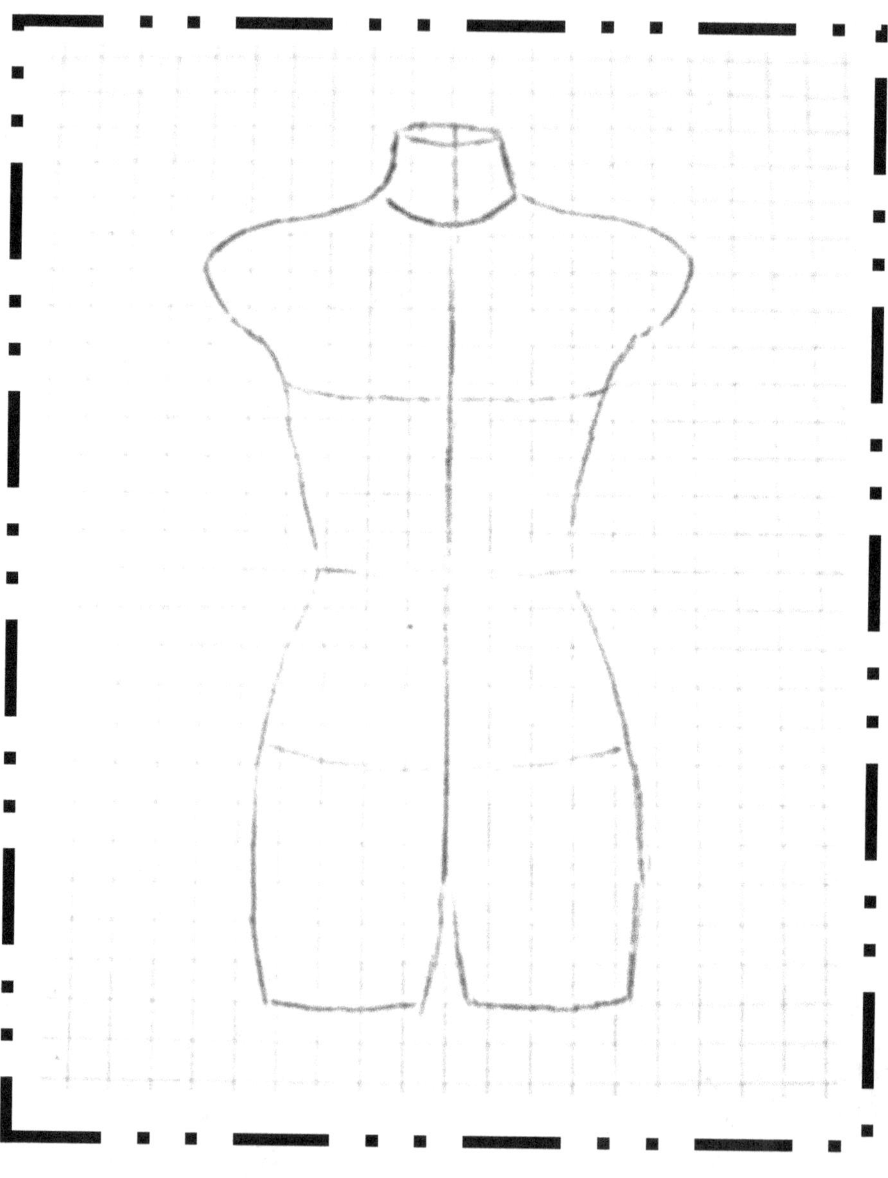

Nombre . . . .

MEDIDAS DE CUERPO

Medidas unisex:

Largo talle espalda ....
Largo talle delantero ....
Ancho de espalda .... ½ ....
Costado ....
Largo de sisa ....
Contorno de pecho .... ¼ ....
Largo de hombro ....
Contorno de cintura .... ¼ ....
Contorno de cadera .... ¼ ....
Bajada de cadera ....

Exclusivas de mujer:

Caída del pecho ....
Distancia entre pechos .... ½ .....

Medida de comprobación:

Cuello .... ½ .....
Largo de escote ....

Largura de la prenda ......

MEDIDAS DE FALDA

Contorno de cintura .... ¼
Contorno de cadera .... ½ ..... ¼
....
Bajada de cadera ....

Largura deseada de la falda

MEDIDAS DE MANGA

Largo de brazo ....
Largo de codo ....
Contorno de brazo .... ½
Contorno de muñeca ...... ½
Largura deseada de la manga

MEDIDAS DE PANTALÓN

Contorno de cintura .... ¼ .....
Contorno de cadera .... ¼ ..... ¹⁄₂₅
....
Bajada de cadera ....
Largo de tiro ....
Vuelta de tiro ....
Largo hasta rodilla ....
Largo hasta tobillo ....
Ancho de rodilla .... ¼ .....
Ancho de tobillo .... ¼ .....

Medida de comprobación:

Largo costura interior .....

Largura deseada del pantalón

BOCETO DEL PROYECTO ✏️

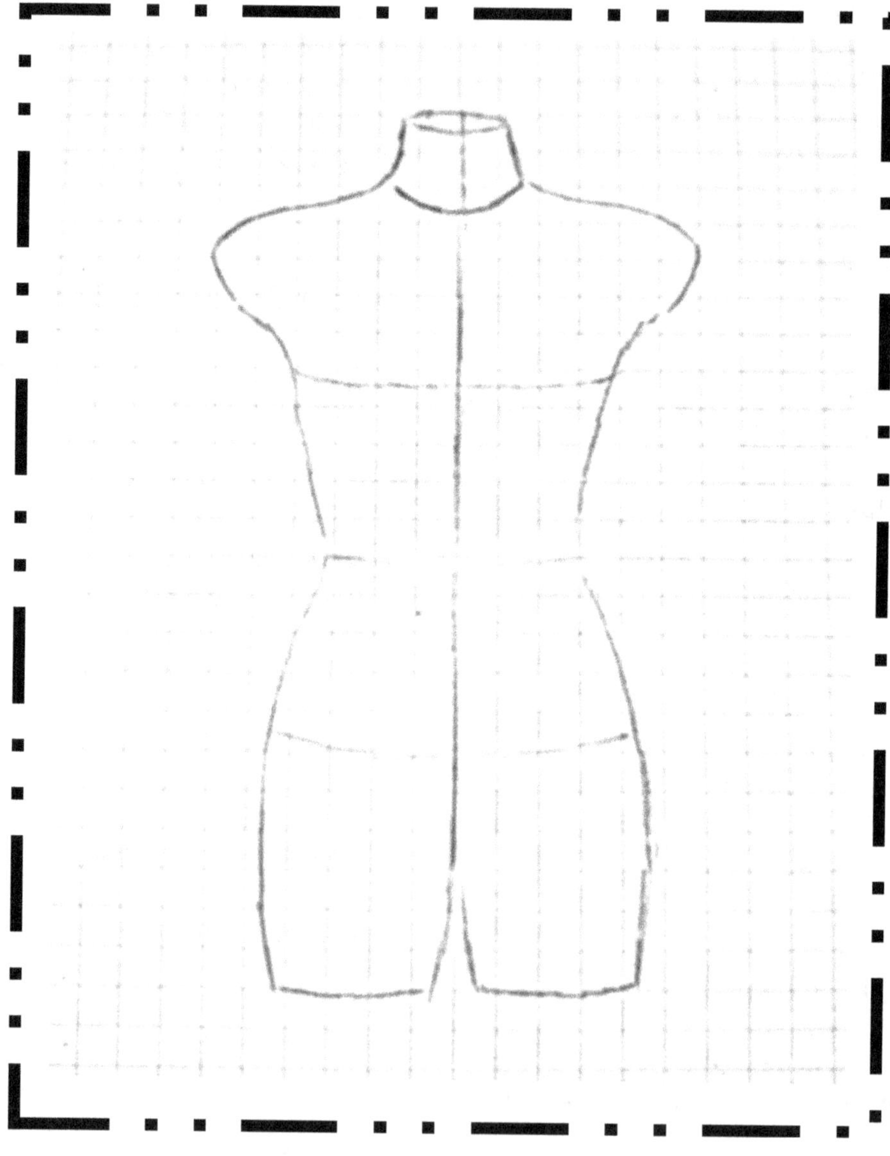

MEDIDAS DE CUERPO

Medidas unisex:

Largo talle espalda ....
Largo talle delantero.......
Ancho de espalda............ ½ ....
Costado...........................
Largo de sisa ....
Contorno de pecho.......... ¼ ....
Largo de hombro............
Contorno de cintura........ ¼ ....
Contorno de cadera......... ¼ ....
Bajada de cadera.............

Exclusivas de mujer:

Caída del pecho ....
Distancia entre pechos.... ½ .....

Medida de comprobación:

Cuello .... ½ .....
Largo de escote ....

Largura de la prenda......

MEDIDAS DE FALDA

Contorno de cintura........ ¼
Contorno de cadera......... ½ .....¼
....
Bajada de cadera ....

Largura deseada de la falda

MEDIDAS DE MANGA

Largo de brazo ....
Largo de codo ....
Contorno de brazo .... ½
Contorno de muñeca ...... ½
Largura deseada de la manga

MEDIDAS DE PANTALÓN

Contorno de cintura .... ¼.....
Contorno de cadera......... ¼..... ½25
....
Bajada de cadera ....
Largo de tiro ....
Vuelta de tiro...................
Largo hasta rodilla...........
Largo hasta tobillo...........
Ancho de rodilla .... ¼.....
Ancho de tobillo .... ¼.....

Medida de comprobación:

Largo costura interior .....

Largura deseada del pantalón

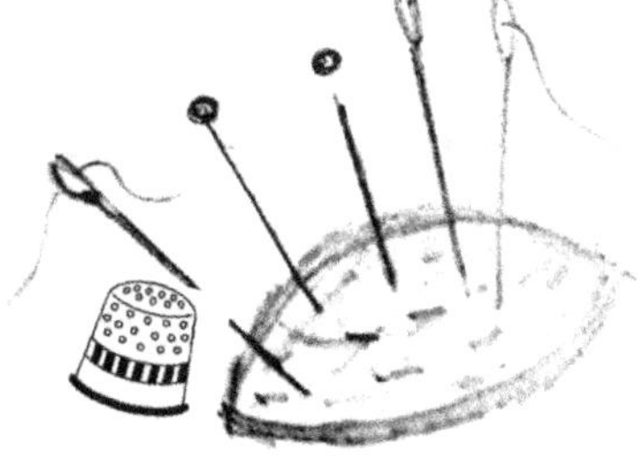

BOCETO DEL PROYECTO

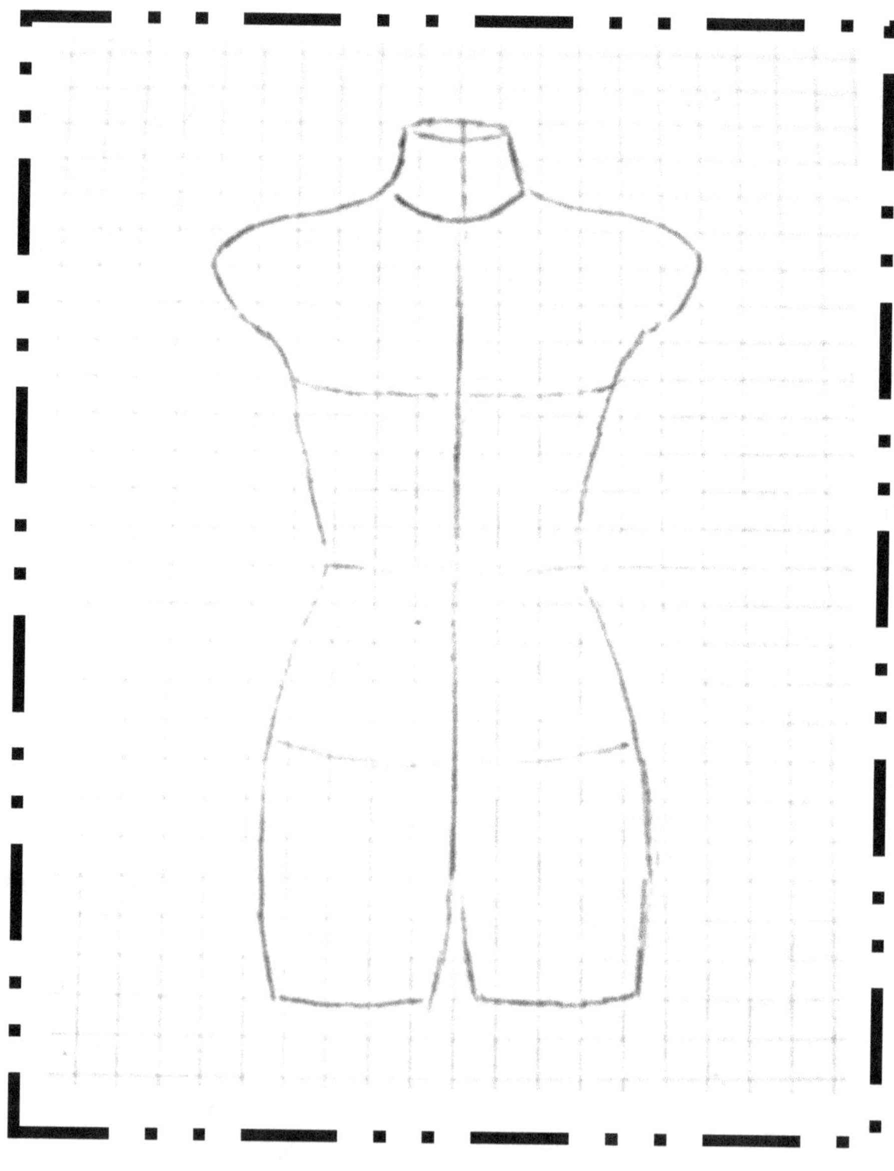

Nombre. . . . .

MEDIDAS DE CUERPO

Medidas unisex:

Largo talle espalda ....
Largo talle delantero ....
Ancho de espalda .... ½ ....
Costado ....
Largo de sisa ....
Contorno de pecho .... ¼ ....
Largo de hombro ....
Contorno de cintura .... ¼ ....
Contorno de cadera .... ¼ ....
Bajada de cadera ....

Exclusivas de mujer:

Caída del pecho ....
Distancia entre pechos .... ½ .....

Medida de comprobación:

Cuello .... ½ .....
Largo de escote ....

Largura de la prenda ......

MEDIDAS DE FALDA

Contorno de cintura .... ¼
Contorno de cadera .... ½ ..... ¼

....
Bajada de cadera ....

Largura deseada de la falda

MEDIDAS DE MANGA

Largo de brazo ....
Largo de codo ....
Contorno de brazo .... ½
Contorno de muñeca ...... ½
Largura deseada de la manga

MEDIDAS DE PANTALÓN

Contorno de cintura .... ¼ .....
Contorno de cadera .... ¼ ½25

....
Bajada de cadera ....
Largo de tiro ....
Vuelta de tiro ....
Largo hasta rodilla ....
Largo hasta tobillo ....
Ancho de rodilla .... ¼ .....
Ancho de tobillo .... ¼ .....

Medida de comprobación:

Largo costura interior .....

Largura deseada del pantalón

BOCETO DEL PROYECTO ✏️

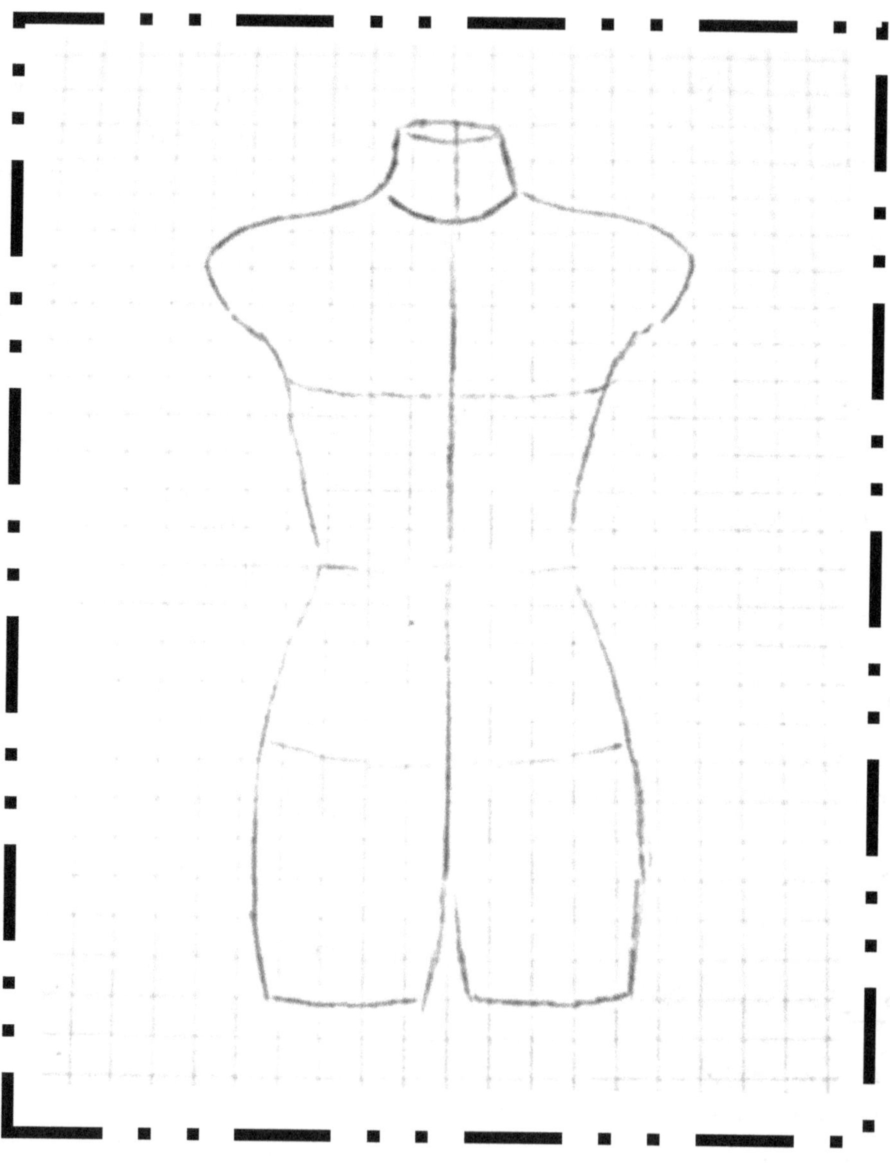

MEDIDAS DE CUERPO

Medidas unisex:

Largo talle espalda ....
Largo talle delantero.......
Ancho de espalda............ ½ ....
Costado...........................
Largo de sisa ....
Contorno de pecho.......... ¼ ....
Largo de hombro.............
Contorno de cintura........ ¼ ....
Contorno de cadera......... ¼ ....
Bajada de cadera.............

Exclusivas de mujer:

Caída del pecho ....
Distancia entre pechos.... ½ .....

Medida de comprobación:

Cuello .... ½ .....
Largo de escote ....

Largura de la prenda......

MEDIDAS DE MANGA

Largo de brazo ....
Largo de codo ....
Contorno de brazo .... ½
Contorno de muñeca ...... ½
Largura deseada de la manga

MEDIDAS DE PANTALÓN

Contorno de cintura .... ¼.....
Contorno de cadera .... ¼..... ½25
....
Bajada de cadera ....
Largo de tiro ....
Vuelta de tiro...................
Largo hasta rodilla...........
Largo hasta tobillo...........
Ancho de rodilla .... ¼.....
Ancho de tobillo .... ¼.....

Medida de comprobación:

Largo costura interior .....

Largura deseada del pantalón

MEDIDAS DE FALDA

Contorno de cintura........ ¼
Contorno de cadera......... ½ .....¼
....
Bajada de cadera ....

Largura deseada de la falda

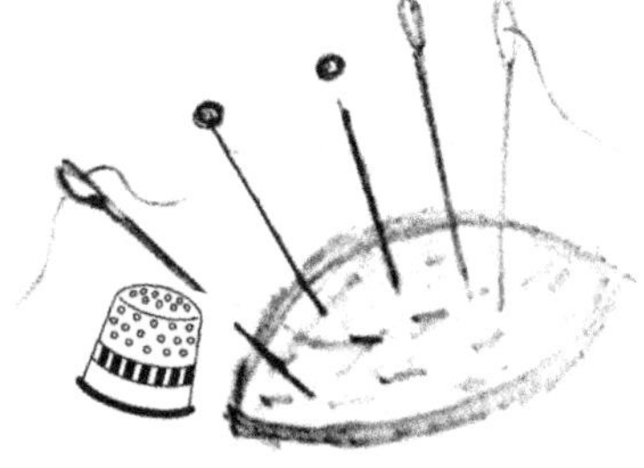

BOCETO DEL PROYECTO ✏️

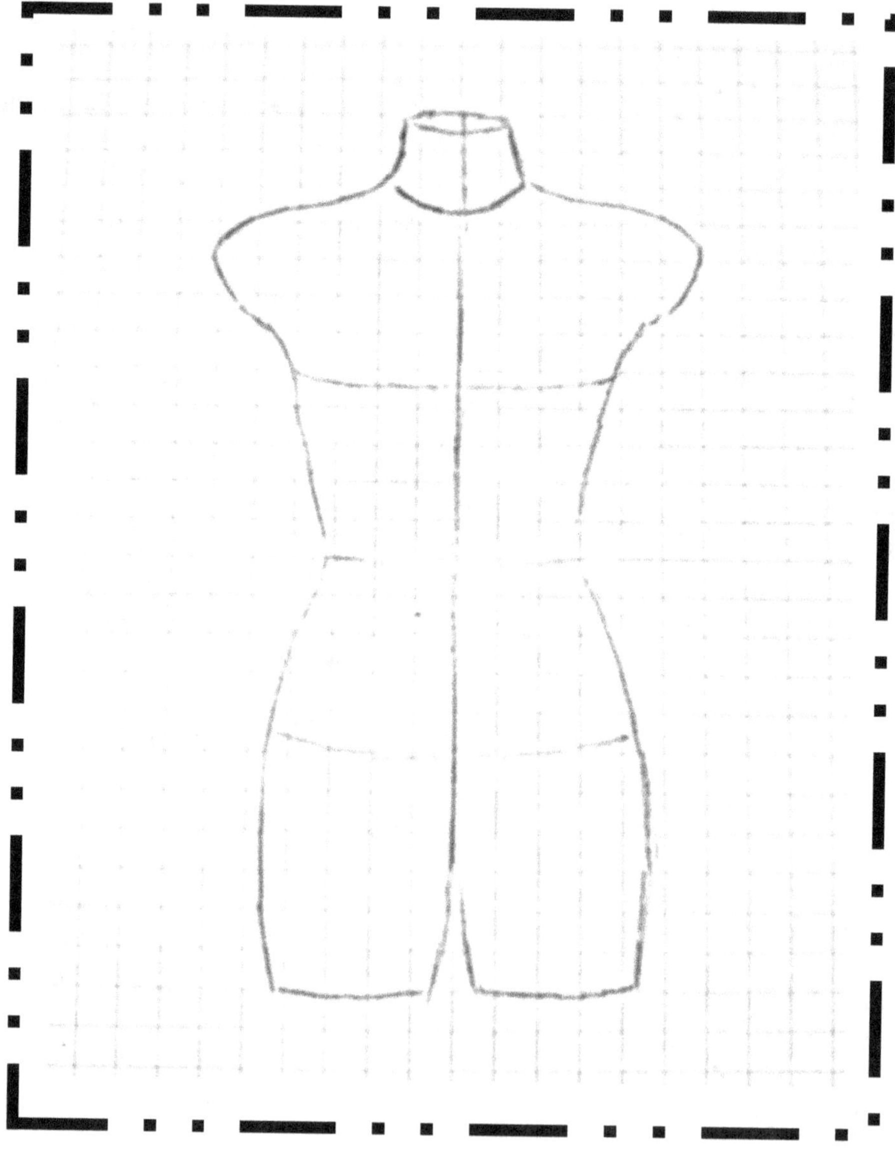

Nombre...

MEDIDAS DE CUERPO

Medidas unisex:

Largo talle espalda ....
Largo talle delantero.......
Ancho de espalda .... ½ ....
Costado ....
Largo de sisa ....
Contorno de pecho.......... ¼ ....
Largo de hombro.............
Contorno de cintura........ ¼ ....
Contorno de cadera......... ¼ ....
Bajada de cadera..............

Exclusivas de mujer:

Caída del pecho ....
Distancia entre pechos.... ½ .....

Medida de comprobación:

Cuello .... ½ .....
Largo de escote ....

Largura de la prenda......

MEDIDAS DE FALDA

Contorno de cintura........ ¼
Contorno de cadera......... ½ .....¼
....
Bajada de cadera ....

Largura deseada de la falda

MEDIDAS DE MANGA

Largo de brazo ....
Largo de codo ....
Contorno de brazo .... ½
Contorno de muñeca ...... ½
Largura deseada de la manga

MEDIDAS DE PANTALÓN

Contorno de cintura .... ¼.....
Contorno de cadera .... ¼..... ¹⁄₂₅
....
Bajada de cadera ....
Largo de tiro...................
Vuelta de tiro..................
Largo hasta rodilla..........
Largo hasta tobillo..........
Ancho de rodilla .... ¼.....
Ancho de tobillo .... ¼.....

Medida de comprobación:

Largo costura interior .....

Largura deseada del pantalón

BOCETO DEL PROYECTO

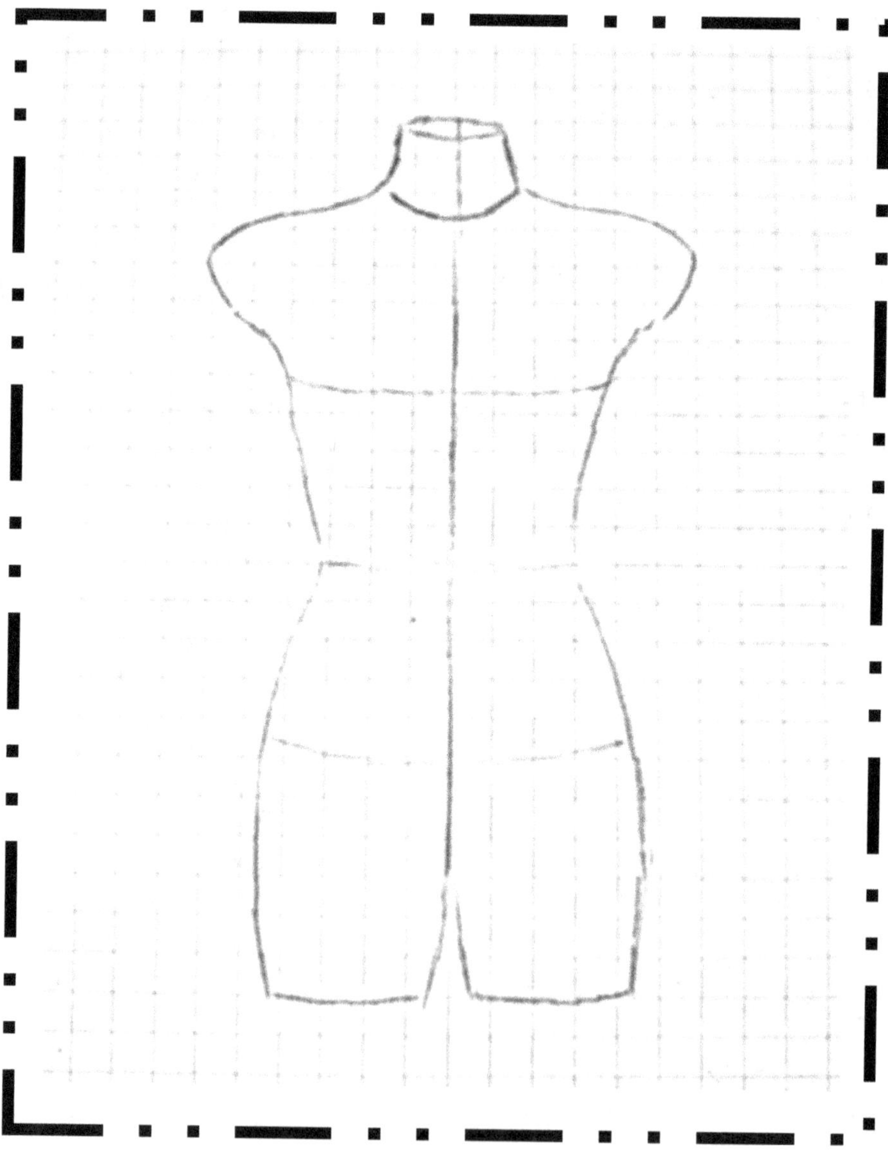

MEDIDAS DE CUERPO

Medidas unisex:

Largo talle espalda ....
Largo talle delantero.......
Ancho de espalda............ ½ ....
Costado............................
Largo de sisa ....
Contorno de pecho.......... ¼ ....
Largo de hombro............
Contorno de cintura........ ¼ ....
Contorno de cadera......... ¼ ....
Bajada de cadera.............

Exclusivas de mujer:

Caída del pecho ....
Distancia entre pechos.... ½ .....

Medida de comprobación:

Cuello .... ½ .....
Largo de escote ....

Largura de la prenda......

MEDIDAS DE FALDA

Contorno de cintura........ ¼
Contorno de cadera......... ½ .....¼
....
Bajada de cadera ....

Largura deseada de la falda

MEDIDAS DE MANGA

Largo de brazo ....
Largo de codo ....
Contorno de brazo .... ½
Contorno de muñeca ...... ½
Largura deseada de la manga

MEDIDAS DE PANTALÓN

Contorno de cintura .... ¼.....
Contorno de cadera......... ¼..... ½₅
....
Bajada de cadera ....
Largo de tiro....................
Vuelta de tiro..................
Largo hasta rodilla...........
Largo hasta tobillo...........
Ancho de rodilla .... ¼.....
Ancho de tobillo .... ¼.....

Medida de comprobación:

Largo costura interior .....

Largura deseada del pantalón

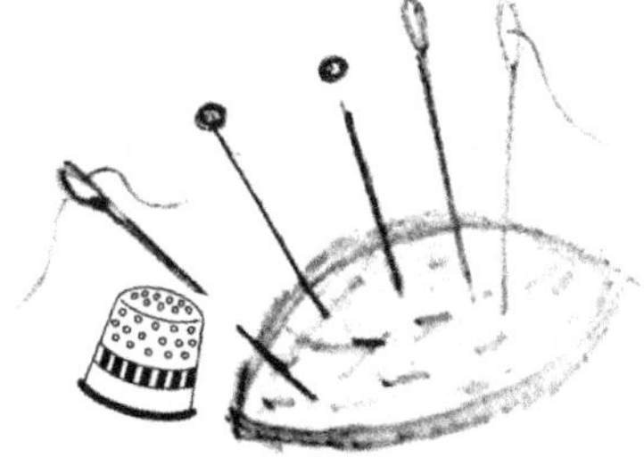

BOCETO DEL PROYECTO ✏️

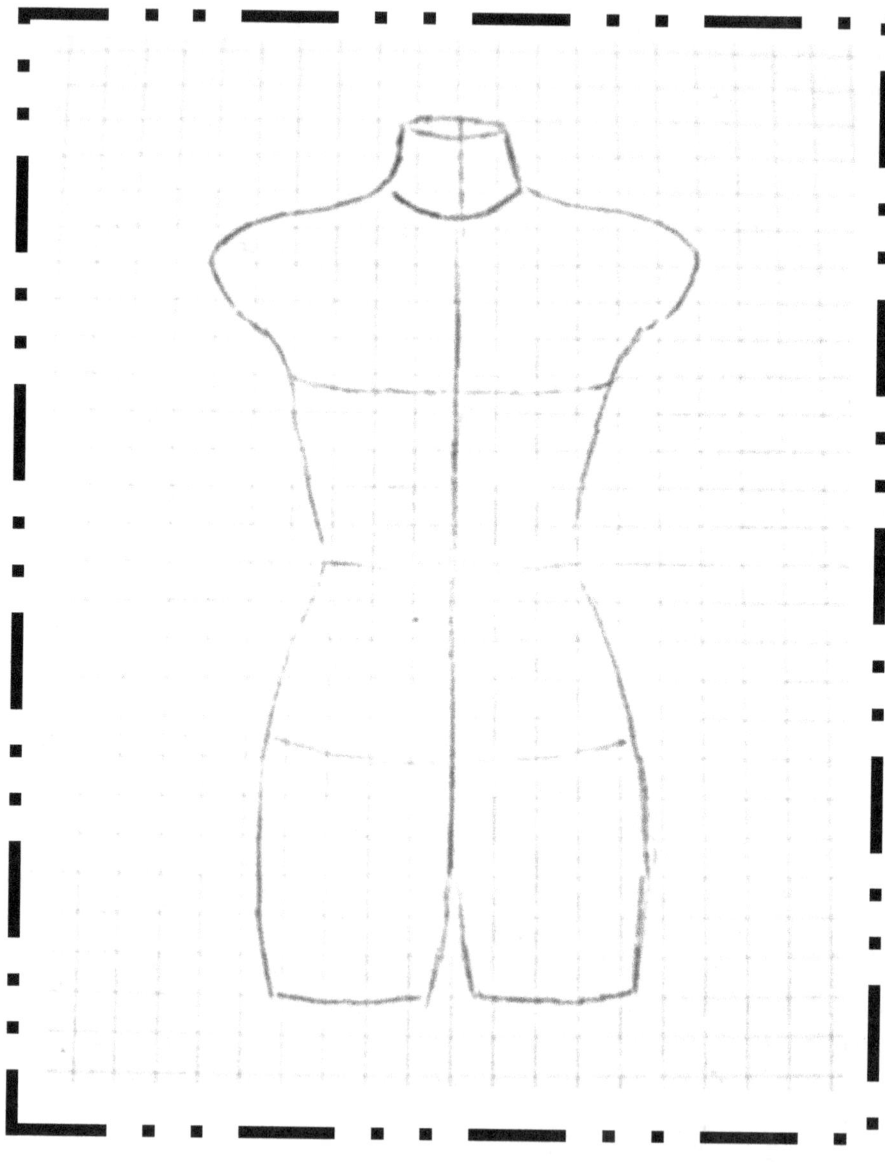

Nombre . . . .

MEDIDAS DE CUERPO

Medidas unisex:

Largo talle espalda ....
Largo talle delantero.......
Ancho de espalda .... ½ ....
Costado............................
Largo de sisa ....
Contorno de pecho.......... ¼ ....
Largo de hombro.............
Contorno de cintura........ ¼ ....
Contorno de cadera.......... ¼ ....
Bajada de cadera.............

Exclusivas de mujer:

Caída del pecho ....
Distancia entre pechos.... ½ .....

Medida de comprobación:

Cuello .... ½ .....
Largo de escote ....

Largura de la prenda......

MEDIDAS DE FALDA

Contorno de cintura........ ¼
Contorno de cadera.......... ½ .....¼
....
Bajada de cadera ....

Largura deseada de la falda

MEDIDAS DE MANGA

Largo de brazo ....
Largo de codo ....
Contorno de brazo .... ½
Contorno de muñeca ...... ½
Largura deseada de la manga

MEDIDAS DE PANTALÓN

Contorno de cintura........ ¼.....
Contorno de cadera.......... ¼..... ¹⁄₂₅
....
Bajada de cadera ....
Largo de tiro....................
Vuelta de tiro..................
Largo hasta rodilla...........
Largo hasta tobillo...........
Ancho de rodilla .... ¼.....
Ancho de tobillo .... ¼.....

Medida de comprobación:

Largo costura interior .....

Largura deseada del pantalón

BOCETO DEL PROYECTO ✏️

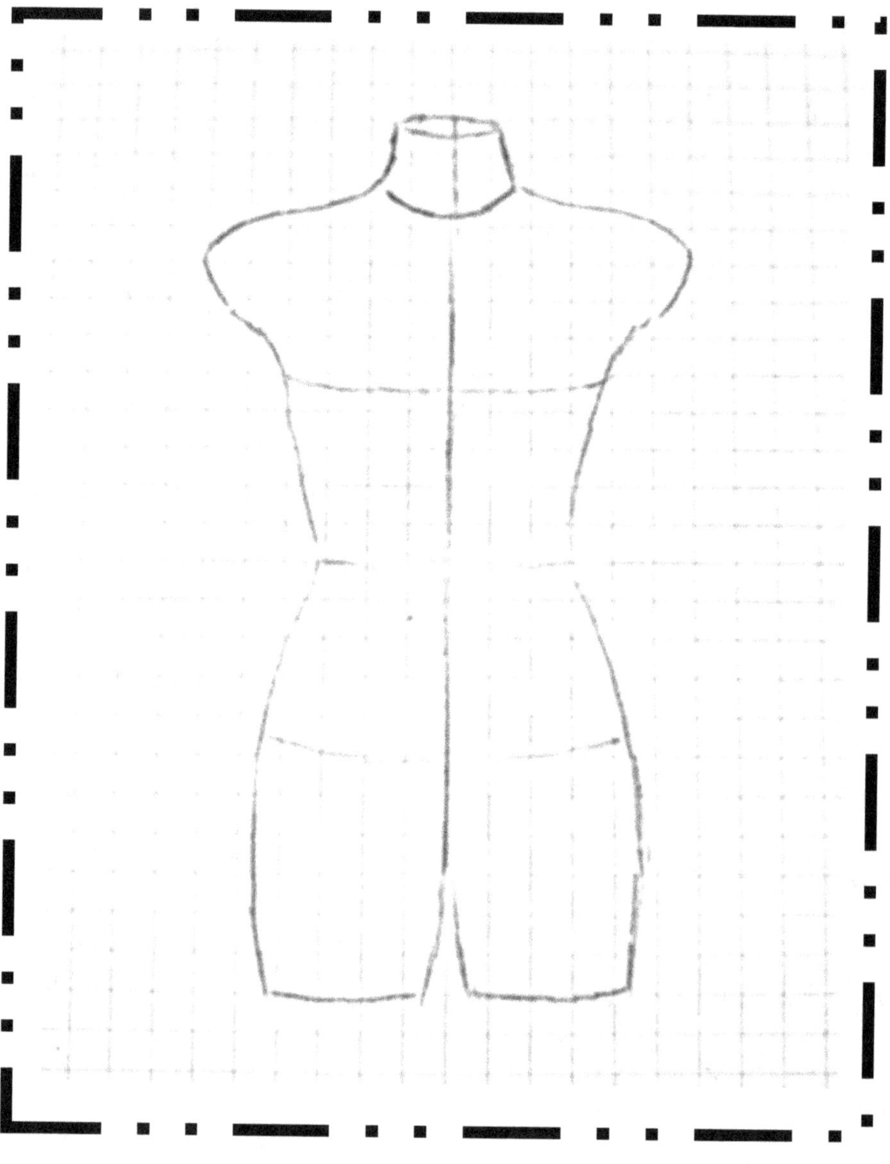

Nombre...................................

MEDIDAS DE CUERPO

Medidas unisex:

Largo talle espalda ....
Largo talle delantero ....
Ancho de espalda .... ½ ....
Costado ....
Largo de sisa ....
Contorno de pecho .... ¼ ....
Largo de hombro ....
Contorno de cintura .... ¼ ....
Contorno de cadera.......... ¼ ....
Bajada de cadera ....

Exclusivas de mujer:

Caída del pecho ....
Distancia entre pechos.... ½ .....

Medida de comprobación:

Cuello .... ½ .....
Largo de escote ....

Largura de la prenda......

MEDIDAS DE FALDA

Contorno de cintura........ ¼
Contorno de cadera......... ½ .....¼

....
Bajada de cadera ....

Largura deseada de la falda

MEDIDAS DE MANGA

Largo de brazo ....
Largo de codo ....
Contorno de brazo .... ½
Contorno de muñeca ...... ½
Largura deseada de la manga

MEDIDAS DE PANTALÓN

Contorno de cintura .... ¼.....
Contorno de cadera .... ¼..... ¹/₂₅

....
Bajada de cadera ....
Largo de tiro ....
Vuelta de tiro ....
Largo hasta rodilla ....
Largo hasta tobillo ....
Ancho de rodilla .... ¼.....
Ancho de tobillo .... ¼.....

Medida de comprobación:

Largo costura interior .....

Largura deseada del pantalón

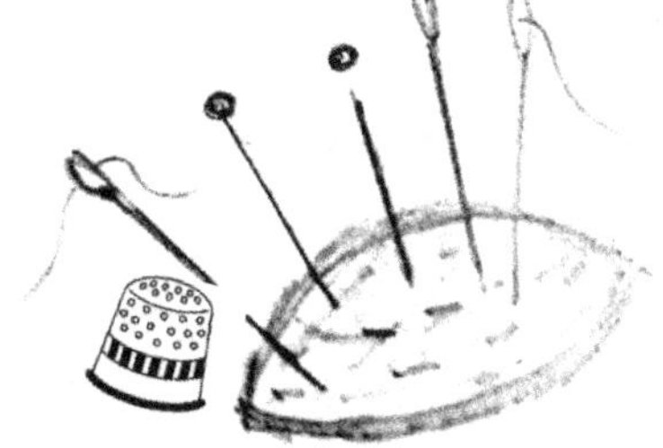

BOCETO DEL PROYECTO

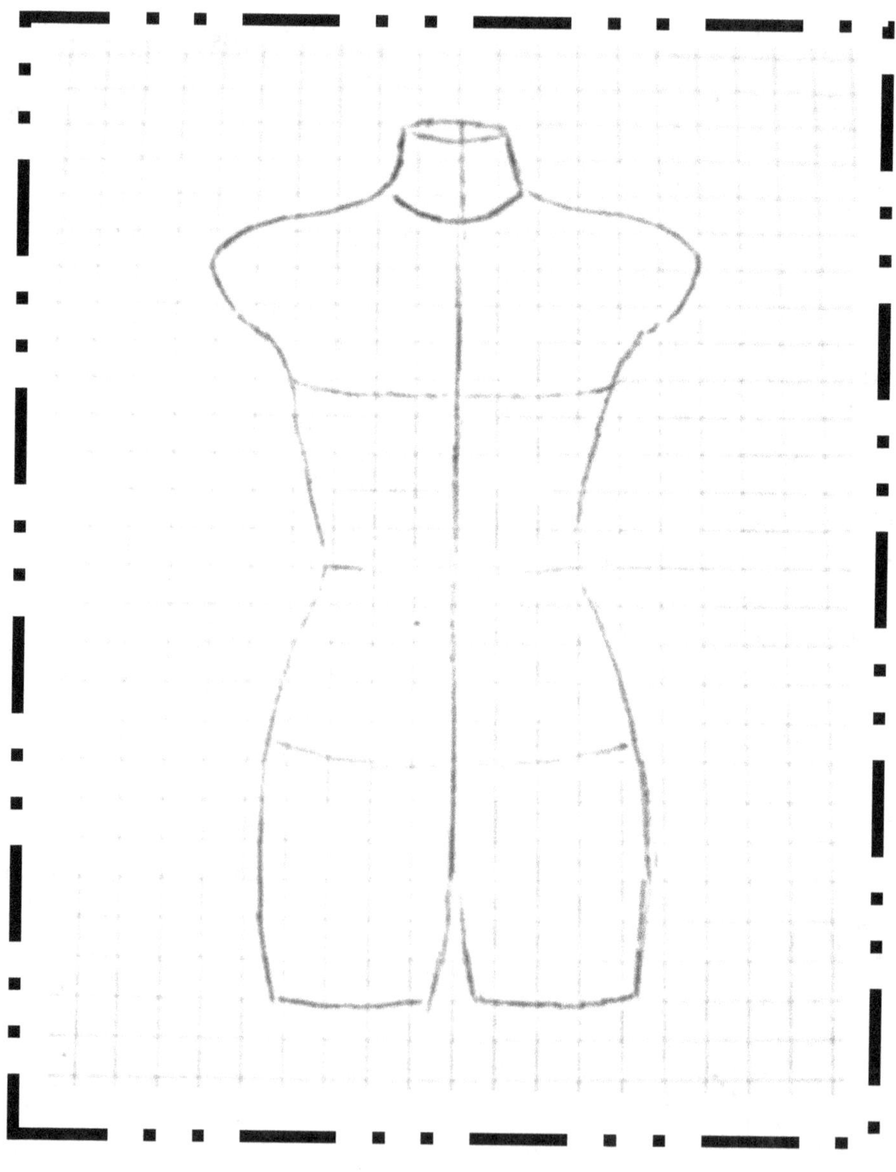

Nombre . . . .

MEDIDAS DE CUERPO

Medidas unisex:

Largo talle espalda ....
Largo talle delantero.......
Ancho de espalda............ ½ ....
Costado.........................
Largo de sisa ....
Contorno de pecho.......... ¼ ....
Largo de hombro............
Contorno de cintura........ ¼ ....
Contorno de cadera......... ¼ ....
Bajada de cadera.............

Exclusivas de mujer:

Caída del pecho ....
Distancia entre pechos.... ½ .....

Medida de comprobación:

Cuello .... ½ .....
Largo de escote ....

Largura de la prenda......

MEDIDAS DE FALDA

Contorno de cintura........ ¼
Contorno de cadera......... ½ .....¼

....
Bajada de cadera ....

Largura deseada de la falda

MEDIDAS DE MANGA

Largo de brazo ....
Largo de codo ....
Contorno de brazo .... ½
Contorno de muñeca ...... ½
Largura deseada de la manga

MEDIDAS DE PANTALÓN

Contorno de cintura .... ¼.....
Contorno de cadera .... ¼..... ½25

....
Bajada de cadera ....
Largo de tiro...................
Vuelta de tiro..................
Largo hasta rodilla..........
Largo hasta tobillo...........
Ancho de rodilla .... ¼.....
Ancho de tobillo .... ¼.....

Medida de comprobación:

Largo costura interior .....

Largura deseada del pantalón

BOCETO DEL PROYECTO ✏️

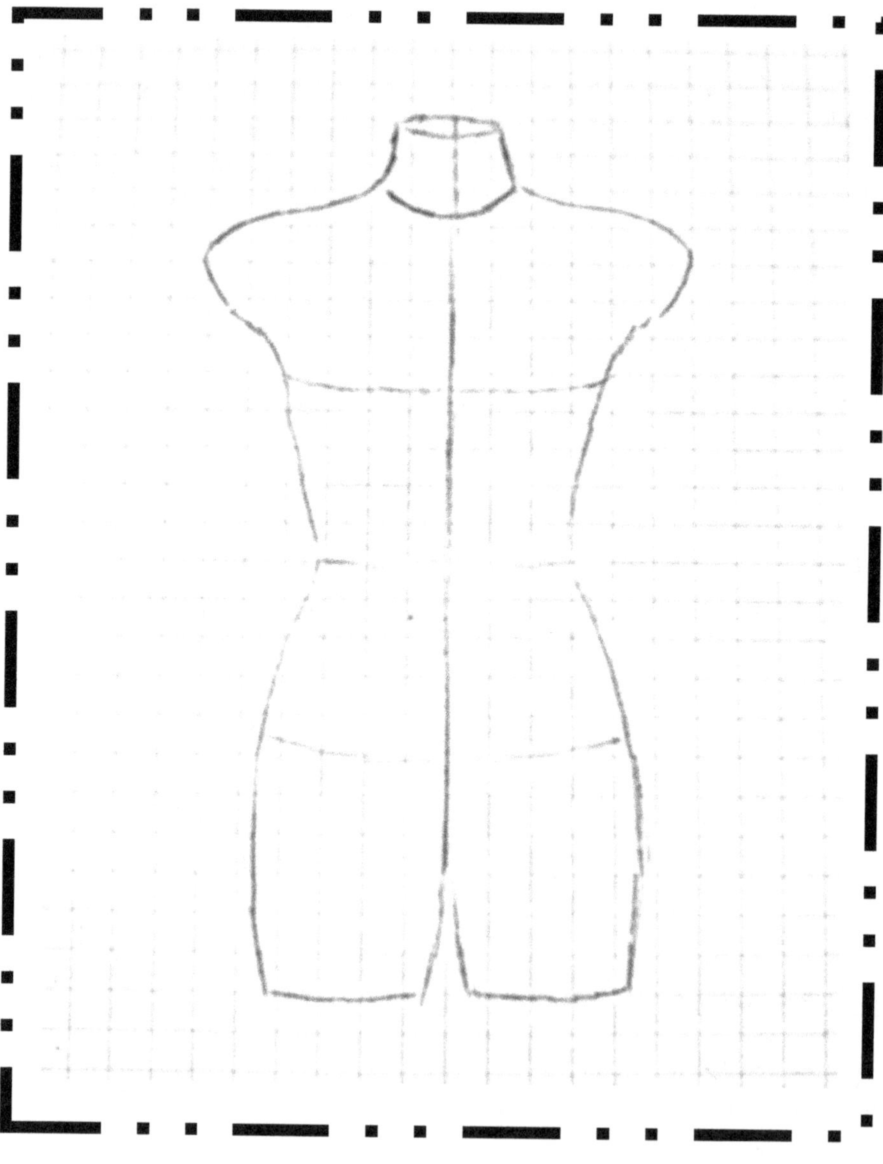

MEDIDAS DE CUERPO

Medidas unisex:

Largo talle espalda ....
Largo talle delantero ....
Ancho de espalda .... ½ ....
Costado ....
Largo de sisa ....
Contorno de pecho .... ¼ ....
Largo de hombro ....
Contorno de cintura .... ¼ ....
Contorno de cadera .... ¼ ....
Bajada de cadera ....

Exclusivas de mujer:

Caída del pecho ....
Distancia entre pechos .... ½ .....

Medida de comprobación:

Cuello .... ½ .....
Largo de escote ....

Largura de la prenda......

MEDIDAS DE FALDA

Contorno de cintura .... ¼
Contorno de cadera .... ½ .....¼
....
Bajada de cadera ....

Largura deseada de la falda

MEDIDAS DE MANGA

Largo de brazo ....
Largo de codo ....
Contorno de brazo .... ½
Contorno de muñeca ...... ½
Largura deseada de la manga

MEDIDAS DE PANTALÓN

Contorno de cintura .... ¼.....
Contorno de cadera .... ¼ ..... ¹⁄₂₅
....
Bajada de cadera ....
Largo de tiro ....
Vuelta de tiro ....
Largo hasta rodilla ....
Largo hasta tobillo ....
Ancho de rodilla .... ¼.....
Ancho de tobillo .... ¼.....

Medida de comprobación:

Largo costura interior .....

Largura deseada del pantalón

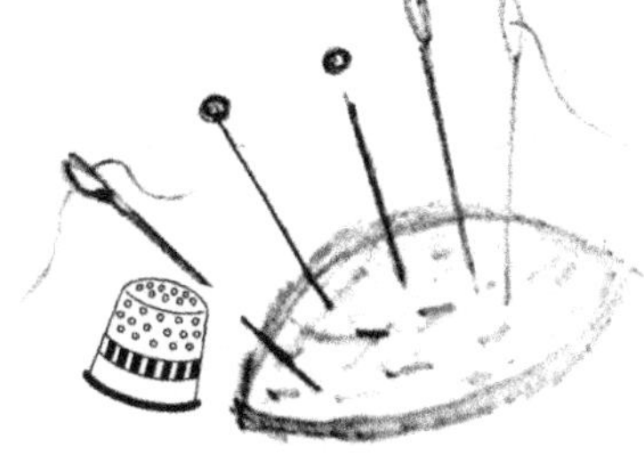

BOCETO DEL PROYECTO ✏️

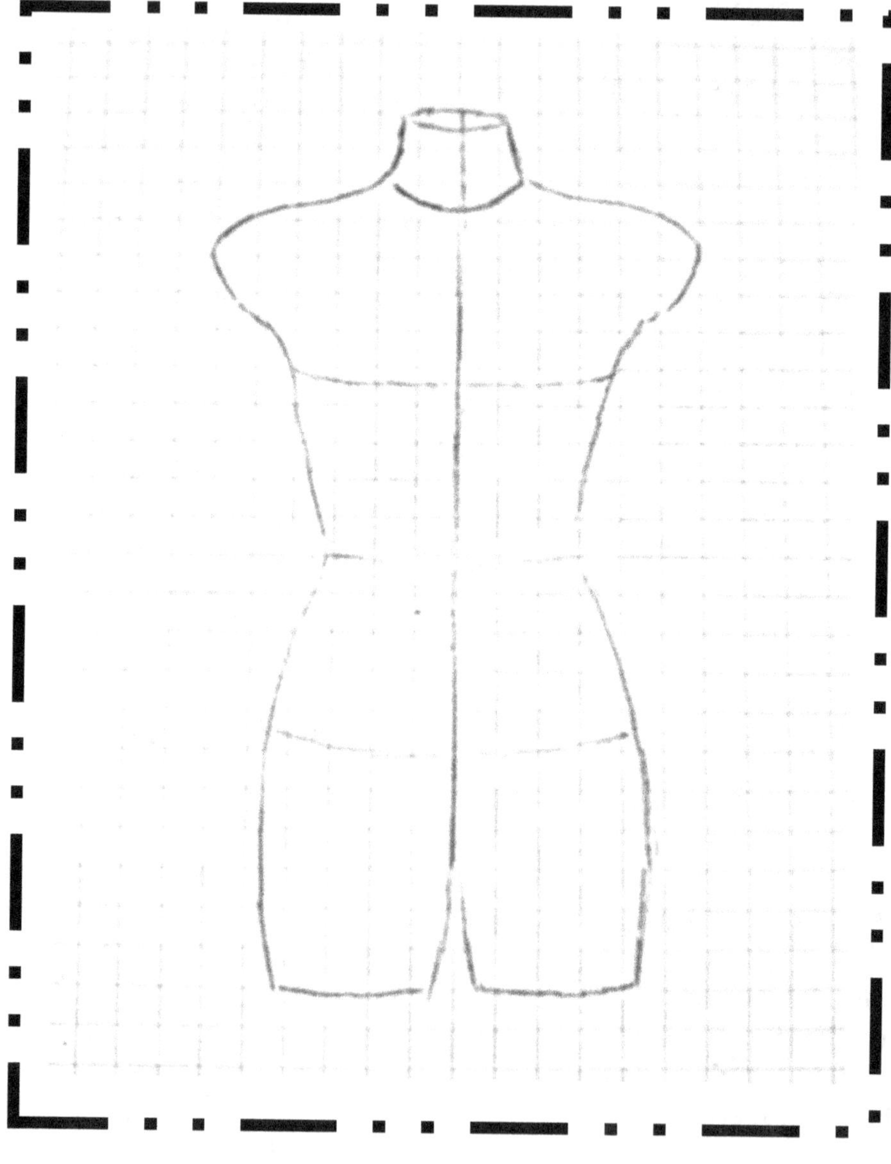

Nombre . . . .

MEDIDAS DE CUERPO

Medidas unisex:

Largo talle espalda ....
Largo talle delantero ....
Ancho de espalda .... ½ ....
Costado ....
Largo de sisa ....
Contorno de pecho .... ¼ ....
Largo de hombro ....
Contorno de cintura .... ¼ ....
Contorno de cadera .... ¼ ....
Bajada de cadera ....

Exclusivas de mujer:

Caída del pecho ....
Distancia entre pechos .... ½ .....

Medida de comprobación:

Cuello .... ½ .....
Largo de escote ....

Largura de la prenda ......

MEDIDAS DE FALDA

Contorno de cintura .... ¼
Contorno de cadera .... ½ ..... ¼
....
Bajada de cadera ....

Largura deseada de la falda

MEDIDAS DE MANGA

Largo de brazo ....
Largo de codo ....
Contorno de brazo .... ½
Contorno de muñeca ...... ½
Largura deseada de la manga

MEDIDAS DE PANTALÓN

Contorno de cintura .... ¼ .....
Contorno de cadera .... ¼ ..... ¹/₂₅
....
Bajada de cadera ....
Largo de tiro ....
Vuelta de tiro ....
Largo hasta rodilla ....
Largo hasta tobillo ....
Ancho de rodilla .... ¼ .....
Ancho de tobillo .... ¼ .....

Medida de comprobación:

Largo costura interior .....

Largura deseada del pantalón

BOCETO DEL PROYECTO ✏️

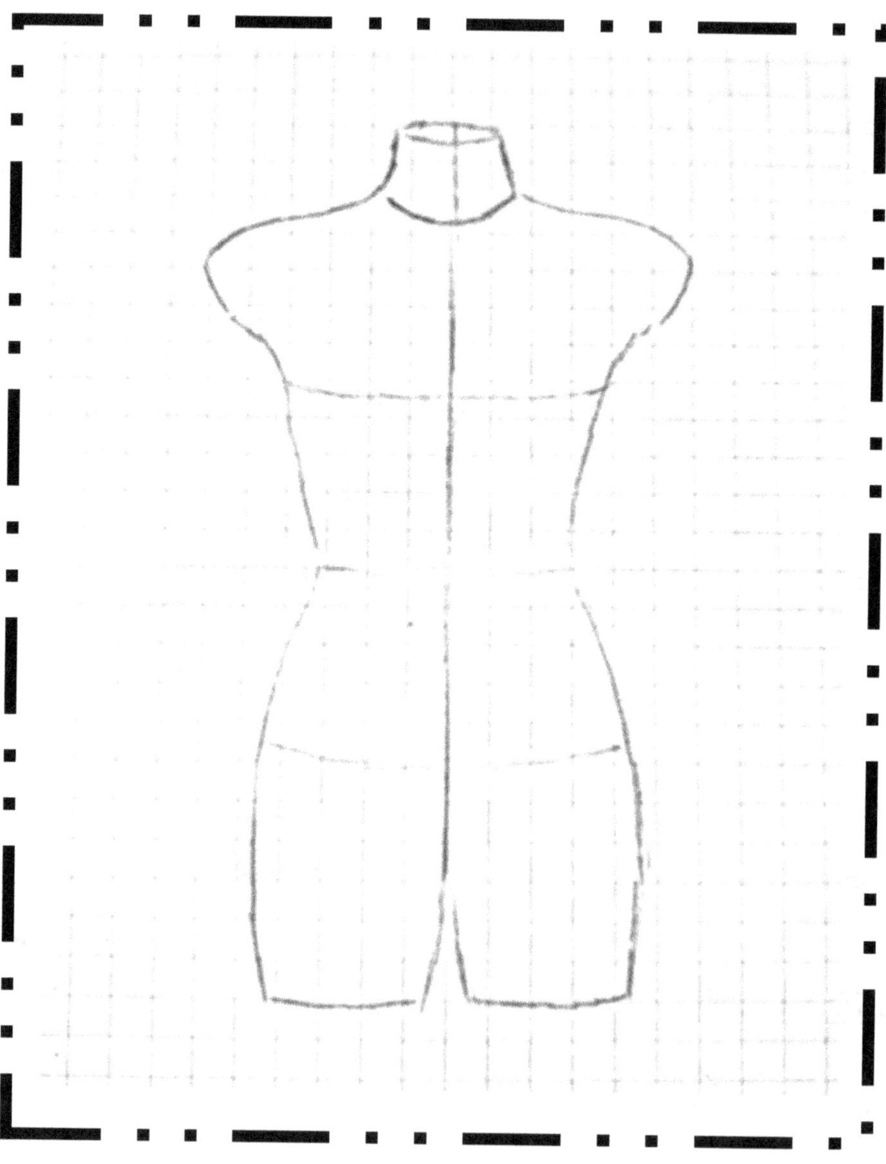

MEDIDAS DE CUERPO

Medidas unisex:

Largo talle espalda ....
Largo talle delantero ....
Ancho de espalda .... ½ ....
Costado ....
Largo de sisa ....
Contorno de pecho .... ¼ ....
Largo de hombro ....
Contorno de cintura .... ¼ ....
Contorno de cadera .... ¼ ....
Bajada de cadera ....

Exclusivas de mujer:

Caída del pecho ....
Distancia entre pechos .... ½ .....

Medida de comprobación:

Cuello .... ½ .....
Largo de escote ....

Largura de la prenda......

MEDIDAS DE FALDA

Contorno de cintura .... ¼
Contorno de cadera .... ½ .....¼
....
Bajada de cadera ....

Largura deseada de la falda

MEDIDAS DE MANGA

Largo de brazo ....
Largo de codo ....
Contorno de brazo .... ½
Contorno de muñeca ...... ½
Largura deseada de la manga

MEDIDAS DE PANTALÓN

Contorno de cintura .... ¼.....
Contorno de cadera .... ¼..... ¹⁄₂₅
....
Bajada de cadera ....
Largo de tiro ....
Vuelta de tiro ....
Largo hasta rodilla ....
Largo hasta tobillo ....
Ancho de rodilla .... ¼.....
Ancho de tobillo .... ¼.....

Medida de comprobación:

Largo costura interior .....

Largura deseada del pantalón

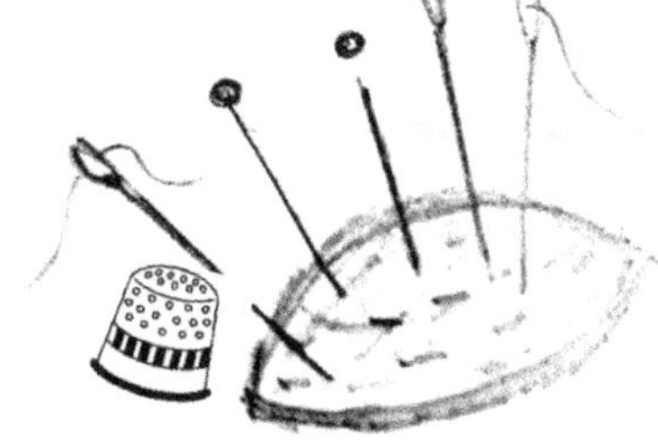

BOCETO DEL PROYECTO ✏️

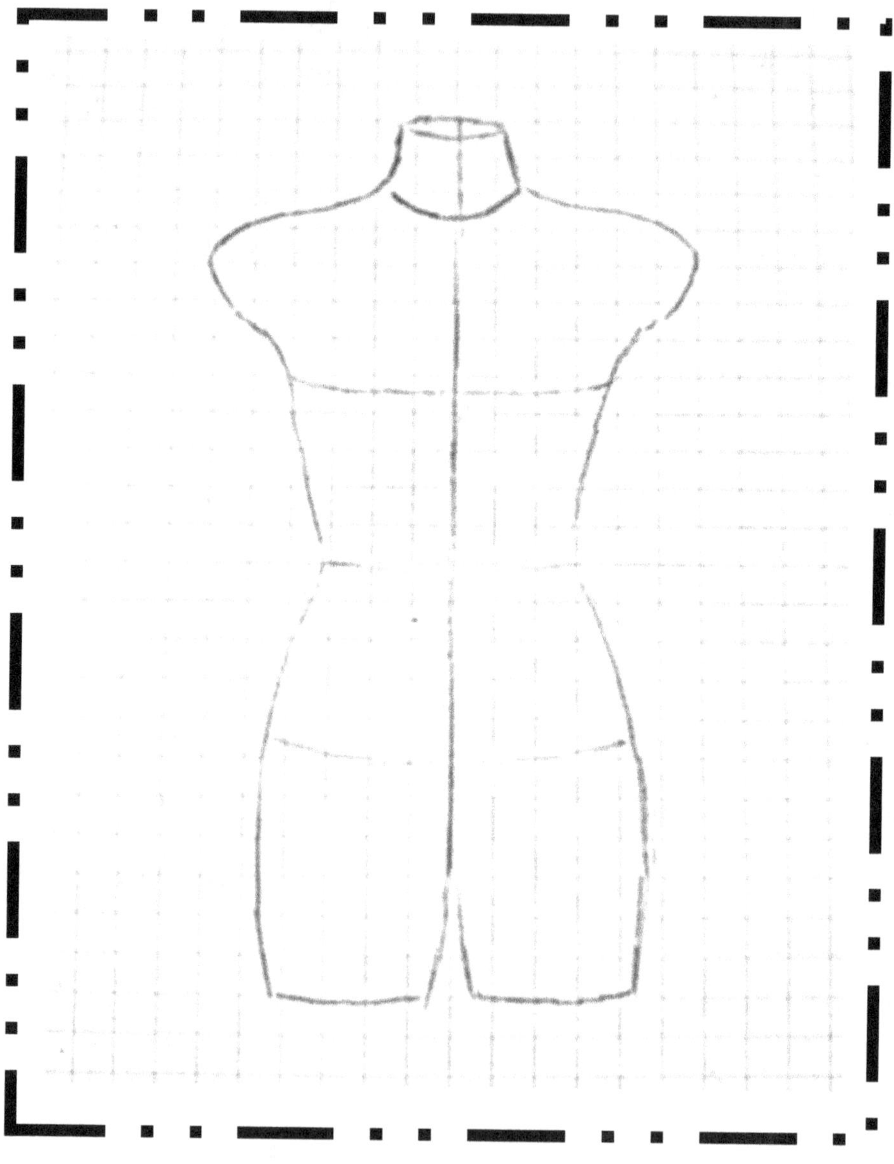

Nombre ....

MEDIDAS DE CUERPO

Medidas unisex:

Largo talle espalda ....
Largo talle delantero ....
Ancho de espalda .... ½ ....
Costado ....
Largo de sisa ....
Contorno de pecho .... ¼ ....
Largo de hombro ....
Contorno de cintura .... ¼ ....
Contorno de cadera .... ¼ ....
Bajada de cadera ....

Exclusivas de mujer:

Caída del pecho ....
Distancia entre pechos .... ½ .....

Medida de comprobación:

Cuello .... ½ .....
Largo de escote ....

Largura de la prenda......

MEDIDAS DE FALDA

Contorno de cintura .... ¼
Contorno de cadera .... ½ ..... ¼
....
Bajada de cadera ....

Largura deseada de la falda

MEDIDAS DE MANGA

Largo de brazo ....
Largo de codo ....
Contorno de brazo .... ½
Contorno de muñeca ...... ½
Largura deseada de la manga

MEDIDAS DE PANTALÓN

Contorno de cintura .... ¼ .....
Contorno de cadera .... ¼ 1/25
....
Bajada de cadera ....
Largo de tiro ....
Vuelta de tiro ....
Largo hasta rodilla ....
Largo hasta tobillo ....
Ancho de rodilla .... ¼ .....
Ancho de tobillo .... ¼ .....

Medida de comprobación:

Largo costura interior .....

Largura deseada del pantalón

BOCETO DEL PROYECTO ✏️

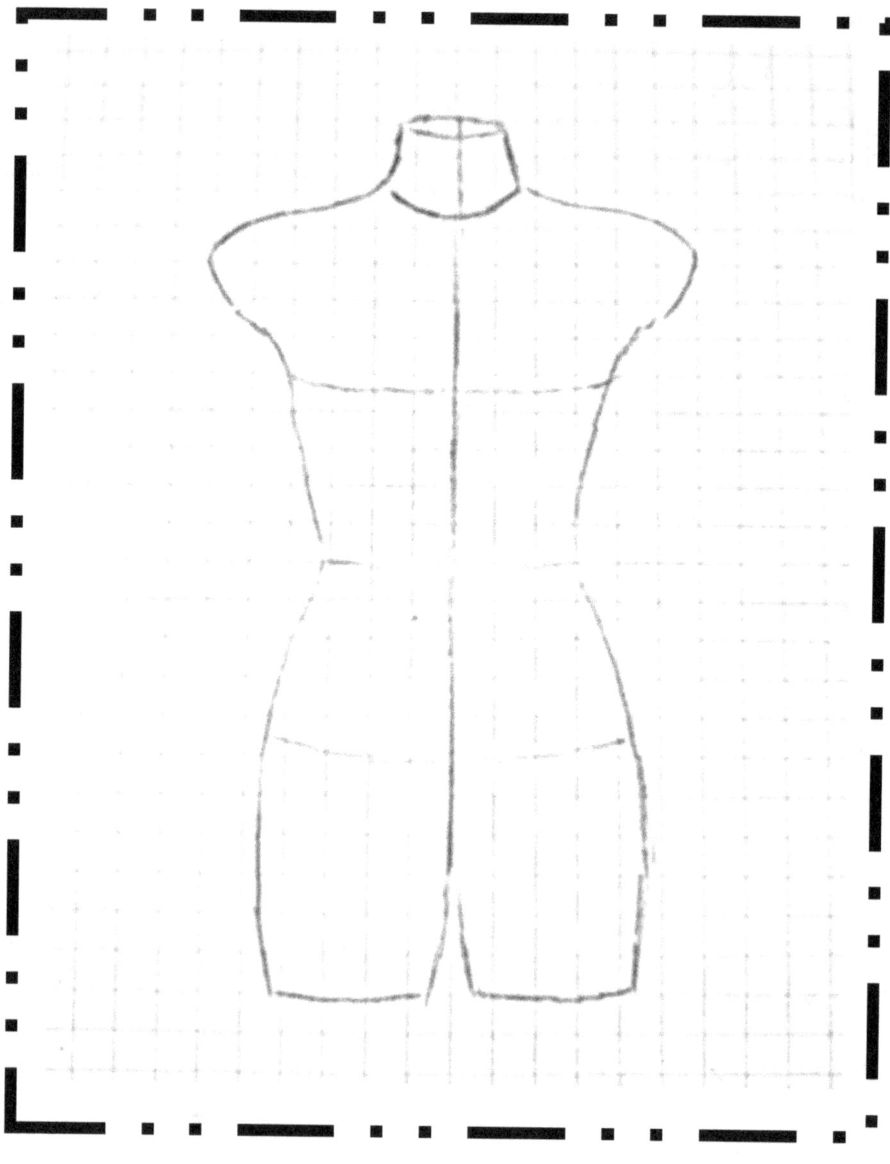

Nombre...

MEDIDAS DE CUERPO

Medidas unisex:

Largo talle espalda ....
Largo talle delantero.......
Ancho de espalda............ ½ ....
Costado.........................
Largo de sisa ....
Contorno de pecho.......... ¼ ....
Largo de hombro............
Contorno de cintura........ ¼ ....
Contorno de cadera......... ¼ ....
Bajada de cadera.............

Exclusivas de mujer:

Caída del pecho ....
Distancia entre pechos.... ½ .....

Medida de comprobación:

Cuello .... ½ .....
Largo de escote ....

Largura de la prenda......

MEDIDAS DE FALDA

Contorno de cintura........ ¼
Contorno de cadera......... ½ .....¼
....
Bajada de cadera ....

Largura deseada de la falda

MEDIDAS DE MANGA

Largo de brazo ....
Largo de codo ....
Contorno de brazo .... ½
Contorno de muñeca ...... ½
Largura deseada de la manga

MEDIDAS DE PANTALÓN

Contorno de cintura .... ¼.....
Contorno de cadera .... ¼ ..... ¹⁄₂₅
....
Bajada de cadera ....
Largo de tiro ....
Vuelta de tiro.................
Largo hasta rodilla...........
Largo hasta tobillo...........
Ancho de rodilla .... ¼.....
Ancho de tobillo .... ¼.....

Medida de comprobación:

Largo costura interior .....

Largura deseada del pantalón

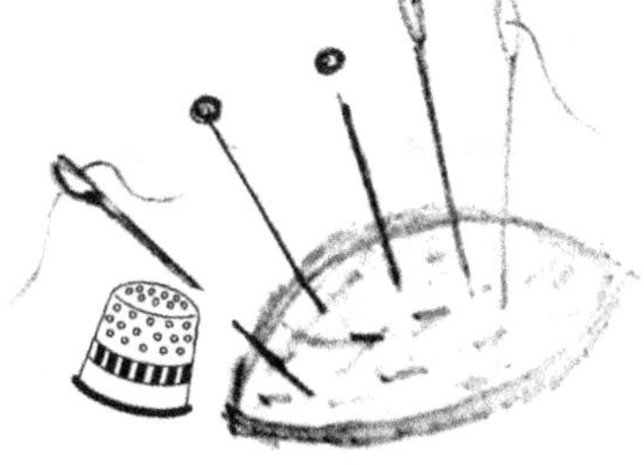

BOCETO DEL PROYECTO ✏️

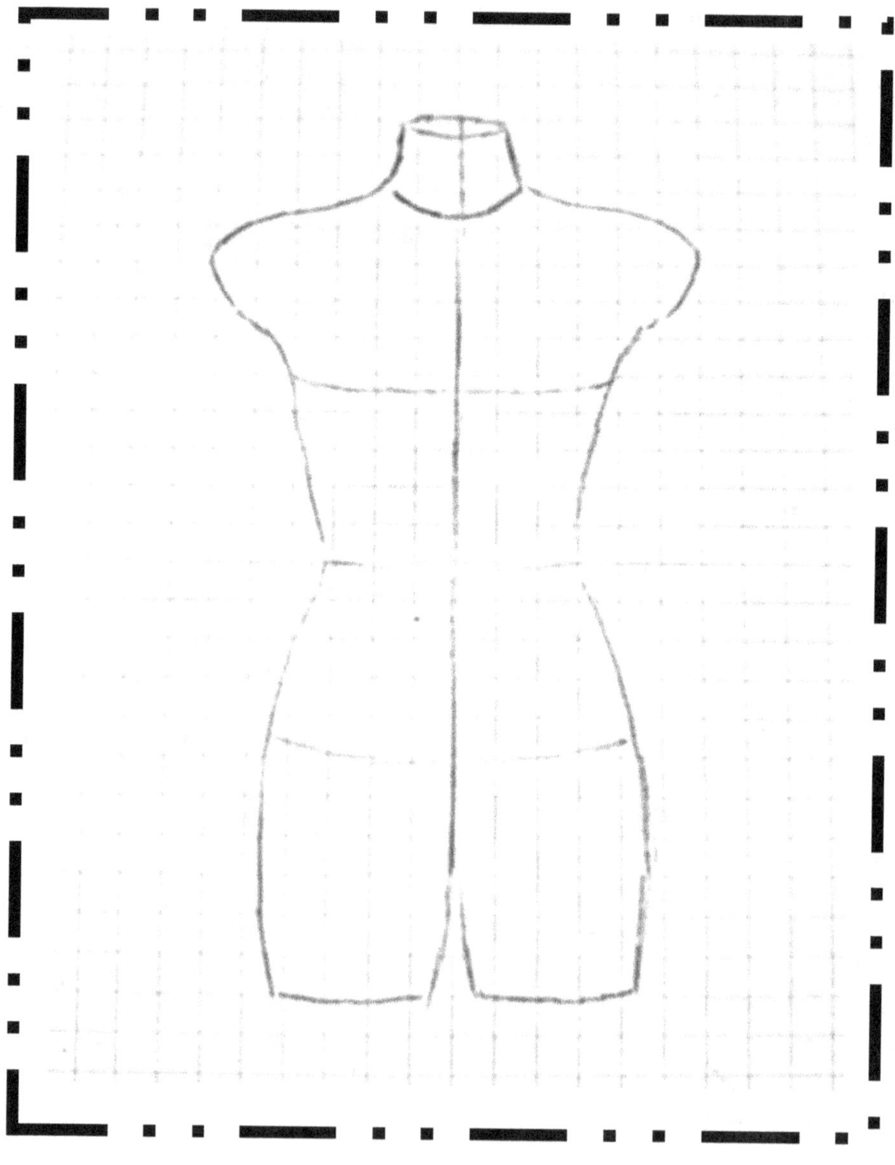

Nombre...

MEDIDAS DE CUERPO

Medidas unisex:

Largo talle espalda ....
Largo talle delantero.......
Ancho de espalda............ ½ ....
Costado............................
Largo de sisa ....
Contorno de pecho.......... ¼ ....
Largo de hombro.............
Contorno de cintura........ ¼ ....
Contorno de cadera......... ¼ ....
Bajada de cadera.............

Exclusivas de mujer:

Caída del pecho ....
Distancia entre pechos.... ½ .....

Medida de comprobación:

Cuello .... ½ .....
Largo de escote ....

Largura de la prenda......

MEDIDAS DE MANGA

Largo de brazo ....
Largo de codo ....
Contorno de brazo .... ½
Contorno de muñeca ...... ½
Largura deseada de la manga

MEDIDAS DE PANTALÓN

Contorno de cintura .... ¼.....
Contorno de cadera .... ¼..... ¹⁄₂₅
....
Bajada de cadera ....
Largo de tiro....................
Vuelta de tiro...................
Largo hasta rodilla...........
Largo hasta tobillo...........
Ancho de rodilla .... ¼.....
Ancho de tobillo .... ¼.....

Medida de comprobación:

Largo costura interior .....

Largura deseada del pantalón

MEDIDAS DE FALDA

Contorno de cintura........ ¼
Contorno de cadera......... ½ .....¼
....
Bajada de cadera ....

Largura deseada de la falda

BOCETO DEL PROYECTO ✏️

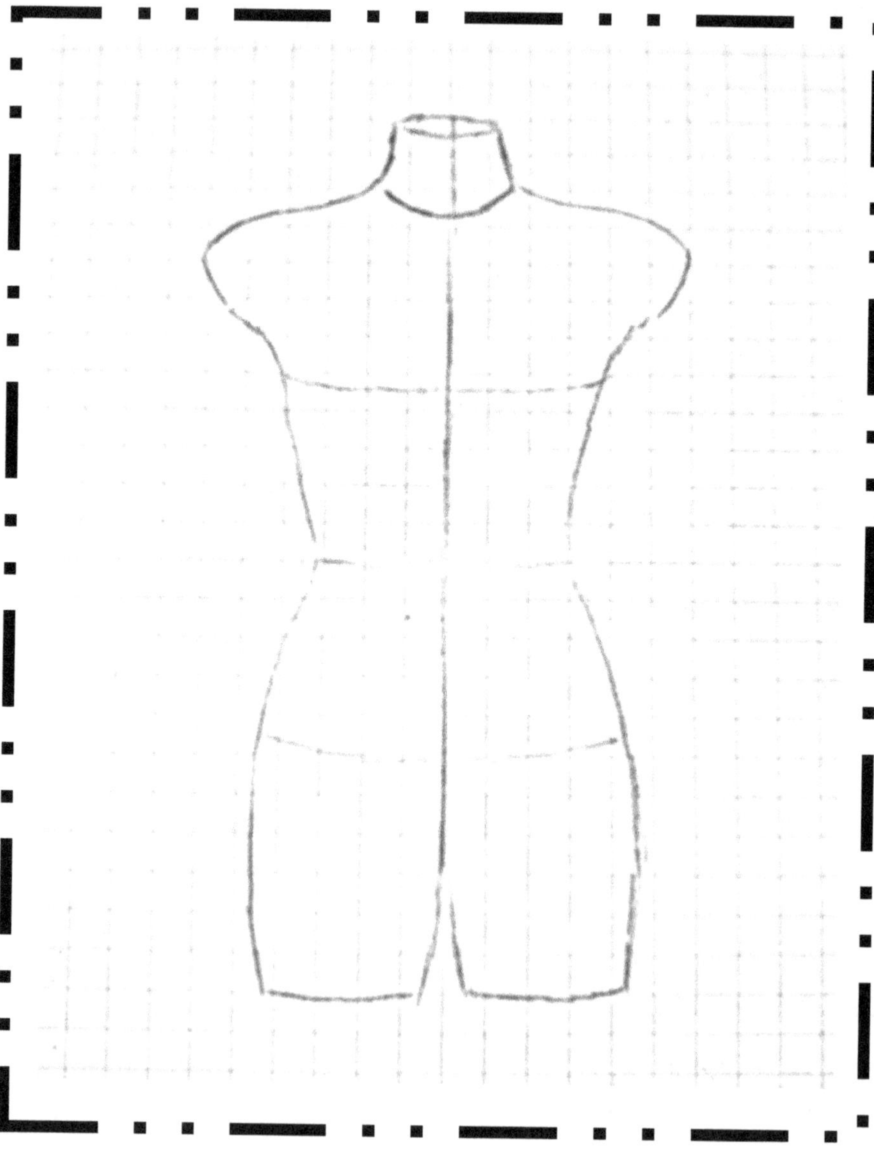

MEDIDAS DE CUERPO

Medidas unisex:

Largo talle espalda ....
Largo talle delantero.......
Ancho de espalda............ ½ ....
Costado...........................
Largo de sisa ....
Contorno de pecho.......... ¼ ....
Largo de hombro.............
Contorno de cintura........ ¼ ....
Contorno de cadera......... ¼ ....
Bajada de cadera.............

Exclusivas de mujer:

Caída del pecho ....
Distancia entre pechos.... ½ .....

Medida de comprobación:

Cuello .... ½ .....
Largo de escote ....

Largura de la prenda......

MEDIDAS DE FALDA

Contorno de cintura........ ¼
Contorno de cadera......... ½ .....¼
....
Bajada de cadera ....

Largura deseada de la falda

MEDIDAS DE MANGA

Largo de brazo ....
Largo de codo ....
Contorno de brazo .... ½
Contorno de muñeca ...... ½
Largura deseada de la manga

MEDIDAS DE PANTALÓN

Contorno de cintura .... ¼.....
Contorno de cadera......... ¼..... $\frac{1}{25}$
....
Bajada de cadera ....
Largo de tiro....................
Vuelta de tiro...................
Largo hasta rodilla...........
Largo hasta tobillo...........
Ancho de rodilla .... ¼.....
Ancho de tobillo .... ¼.....

Medida de comprobación:

Largo costura interior .....

Largura deseada del pantalón

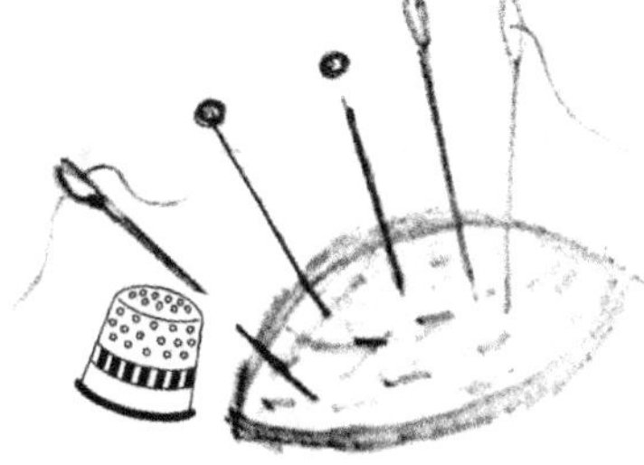

<u>**BOCETO DEL PROYECTO**</u> ✏️

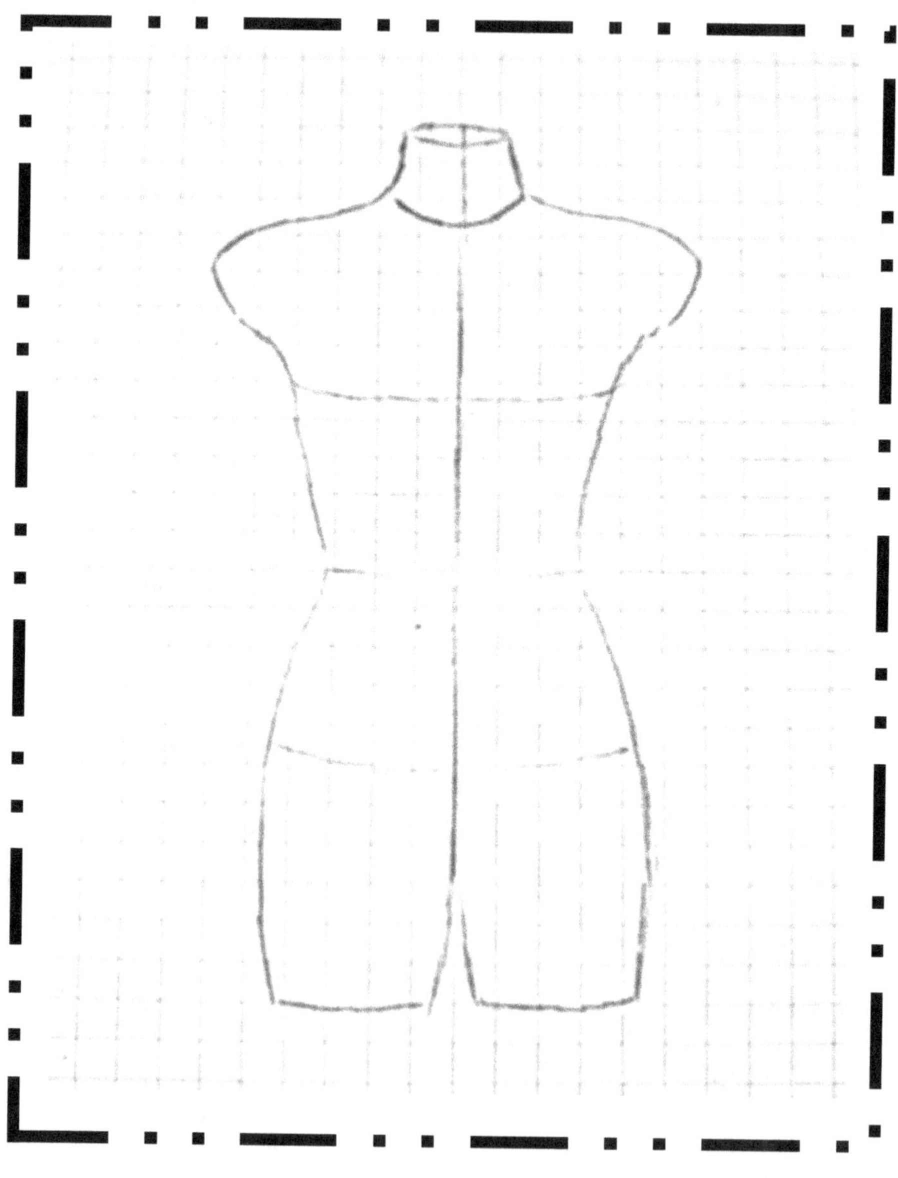

Nombre. . . . .

MEDIDAS DE CUERPO

Medidas unisex:

Largo talle espalda ....
Largo talle delantero.......
Ancho de espalda............ ½ ....
Costado............................
Largo de sisa ....
Contorno de pecho.......... ¼ ....
Largo de hombro.............
Contorno de cintura........ ¼ ....
Contorno de cadera......... ¼ ....
Bajada de cadera.............

Exclusivas de mujer:

Caída del pecho ....
Distancia entre pechos.... ½ .....

Medida de comprobación:

Cuello .... ½ .....
Largo de escote ....

Largura de la prenda......

MEDIDAS DE FALDA

Contorno de cintura........ ¼
Contorno de cadera......... ½ .....¼
....
Bajada de cadera ....

Largura deseada de la falda

MEDIDAS DE MANGA

Largo de brazo ....
Largo de codo ....
Contorno de brazo .... ½
Contorno de muñeca ...... ½
Largura deseada de la manga

MEDIDAS DE PANTALÓN

Contorno de cintura .... ¼.....
Contorno de cadera .... ¼..... ½25
....
Bajada de cadera ....
Largo de tiro....................
Vuelta de tiro..................
Largo hasta rodilla..........
Largo hasta tobillo...........
Ancho de rodilla .... ¼.....
Ancho de tobillo .... ¼.....

Medida de comprobación:

Largo costura interior .....

Largura deseada del pantalón

BOCETO DEL PROYECTO ✏️

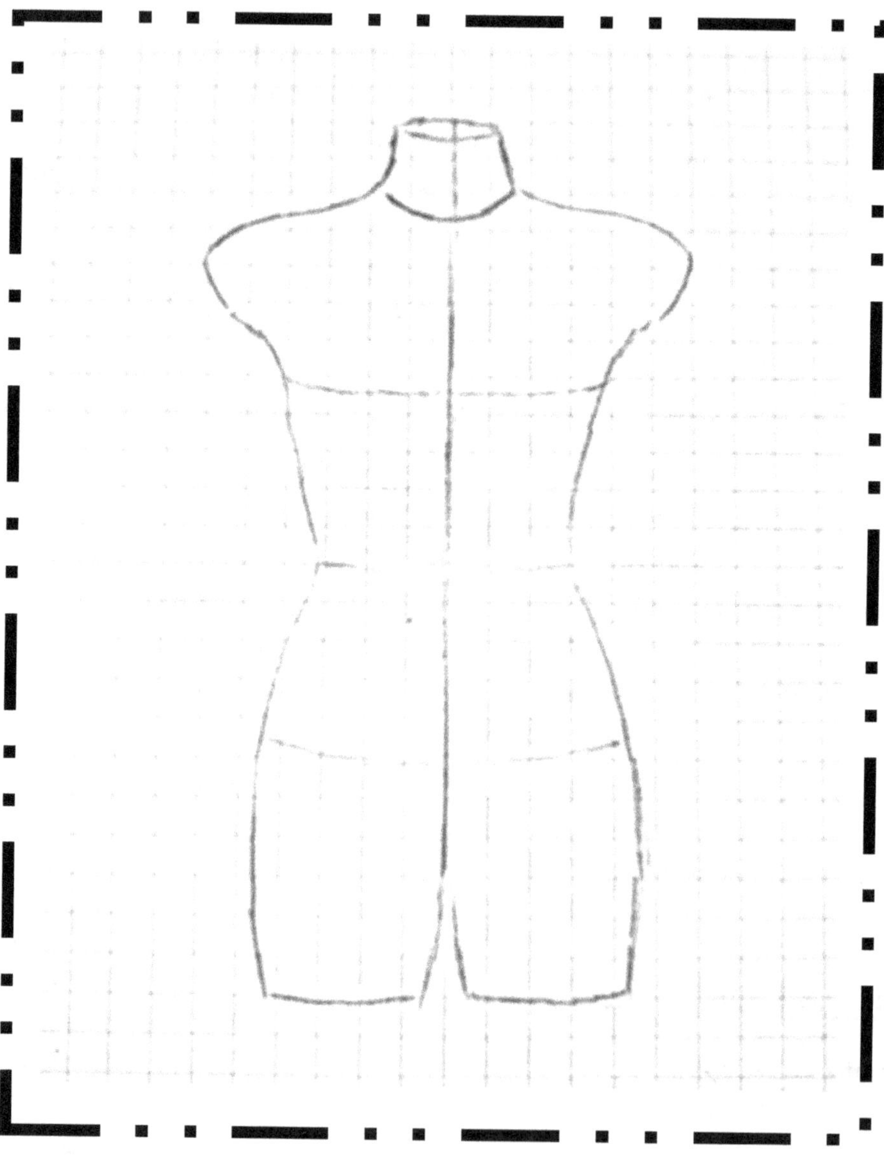

Nombre..

MEDIDAS DE CUERPO

Medidas unisex:

Largo talle espalda ....
Largo talle delantero.......
Ancho de espalda............ ½ ....
Costado.........................
Largo de sisa ....
Contorno de pecho.......... ¼ ....
Largo de hombro.............
Contorno de cintura........ ¼ ....
Contorno de cadera......... ¼ ....
Bajada de cadera.............

Exclusivas de mujer:

Caída del pecho ....
Distancia entre pechos.... ½ .....

Medida de comprobación:

Cuello .... ½ .....
Largo de escote ....

Largura de la prenda......

MEDIDAS DE FALDA

Contorno de cintura........ ¼
Contorno de cadera......... ½ .....¼
....
Bajada de cadera ....

Largura deseada de la falda

MEDIDAS DE MANGA

Largo de brazo ....
Largo de codo ....
Contorno de brazo .... ½
Contorno de muñeca ...... ½
Largura deseada de la manga

MEDIDAS DE PANTALÓN

Contorno de cintura .... ¼.....
Contorno de cadera .... ¼..... ½₂₅
....
Bajada de cadera ....
Largo de tiro ....
Vuelta de tiro...................
Largo hasta rodilla...........
Largo hasta tobillo...........
Ancho de rodilla .... ¼.....
Ancho de tobillo .... ¼.....

Medida de comprobación:

Largo costura interior .....

Largura deseada del pantalón

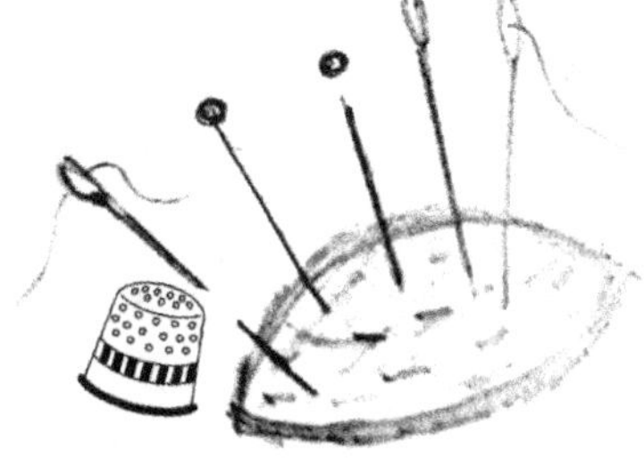

BOCETO DEL PROYECTO ✏️

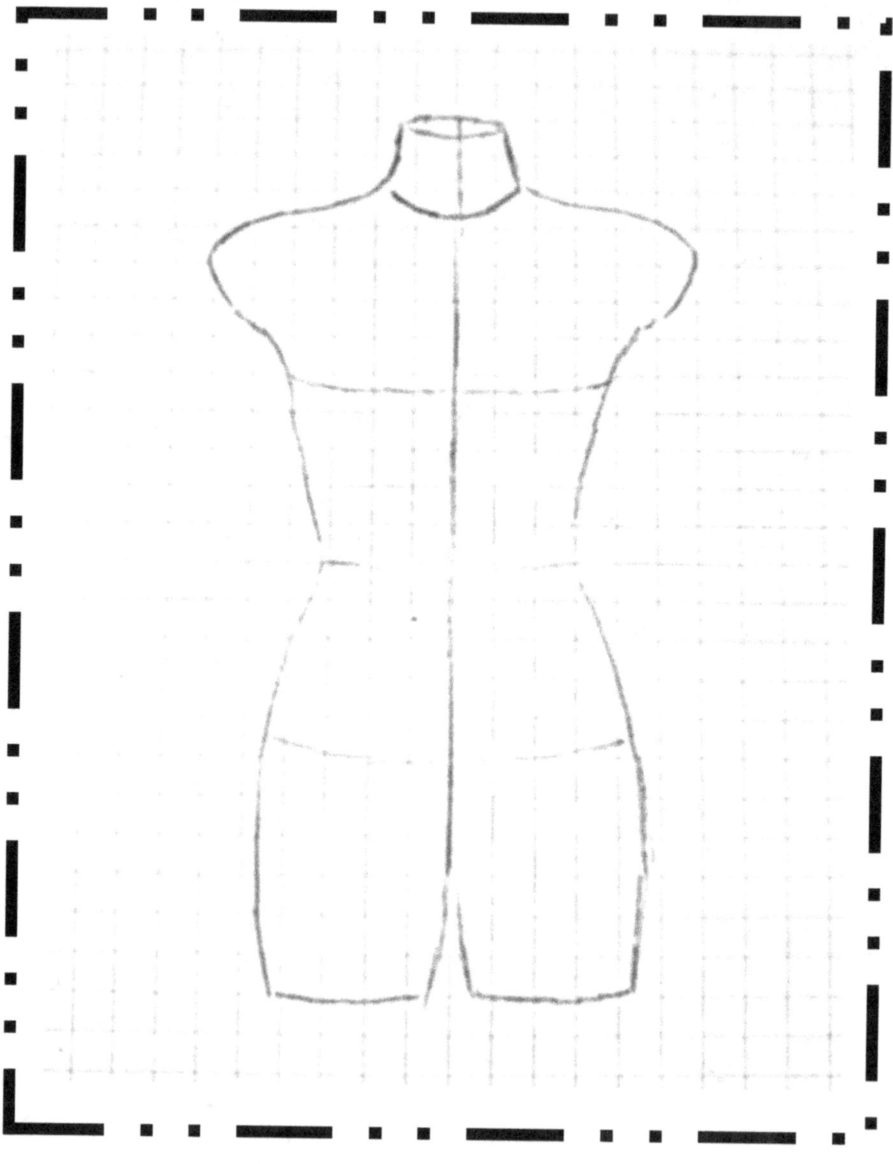

Nombre . . . .

MEDIDAS DE CUERPO

Medidas unisex:

Largo talle espalda ....
Largo talle delantero ....
Ancho de espalda .... ½ ....
Costado ....
Largo de sisa ....
Contorno de pecho .... ¼ ....
Largo de hombro ....
Contorno de cintura .... ¼ ....
Contorno de cadera .... ¼ ....
Bajada de cadera ....

Exclusivas de mujer:

Caída del pecho ....
Distancia entre pechos .... ½ .....

Medida de comprobación:

Cuello .... ½ .....
Largo de escote ....

Largura de la prenda ......

MEDIDAS DE FALDA

Contorno de cintura .... ¼
Contorno de cadera .... ½ ..... ¼

....

Bajada de cadera ....

Largura deseada de la falda

MEDIDAS DE MANGA

Largo de brazo ....
Largo de codo ....
Contorno de brazo .... ½
Contorno de muñeca ...... ½
Largura deseada de la manga

MEDIDAS DE PANTALÓN

Contorno de cintura .... ¼ .....
Contorno de cadera .... ¼ ½25

....

Bajada de cadera ....
Largo de tiro ....
Vuelta de tiro ....
Largo hasta rodilla ....
Largo hasta tobillo ....
Ancho de rodilla .... ¼ .....
Ancho de tobillo .... ¼ .....

Medida de comprobación:

Largo costura interior .....

Largura deseada del pantalón

BOCETO DEL PROYECTO

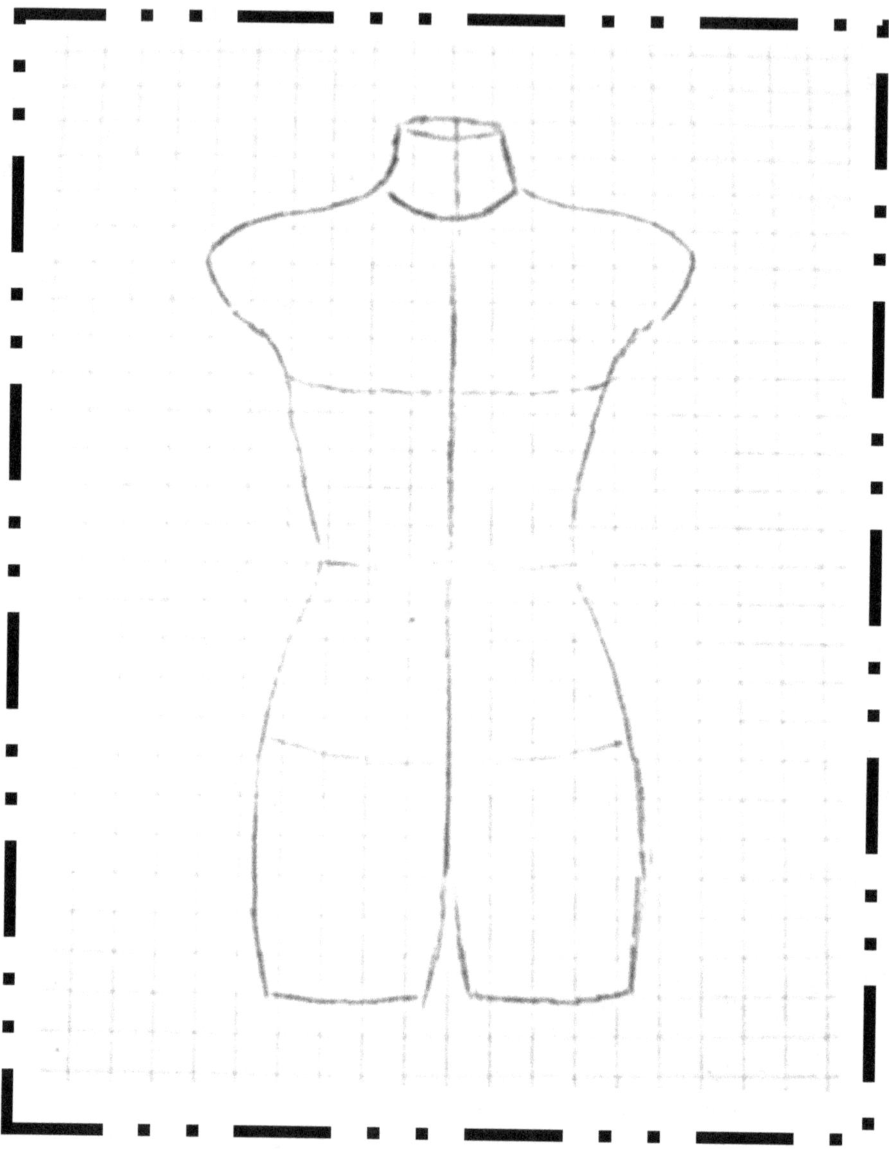

Nombre...

MEDIDAS DE CUERPO

Medidas unisex:

Largo talle espalda ....
Largo talle delantero.......
Ancho de espalda............. ½ ....
Costado..........................
Largo de sisa ....
Contorno de pecho.......... ¼ ....
Largo de hombro.............
Contorno de cintura........ ¼ ....
Contorno de cadera......... ¼ ....
Bajada de cadera.............

Exclusivas de mujer:

Caída del pecho ....
Distancia entre pechos.... ½ .....

Medida de comprobación:

Cuello .... ½ .....
Largo de escote ....

Largura de la prenda......

MEDIDAS DE FALDA

Contorno de cintura........ ¼
Contorno de cadera......... ½ .....¼
....
Bajada de cadera ....

Largura deseada de la falda

MEDIDAS DE MANGA

Largo de brazo ....
Largo de codo ....
Contorno de brazo .... ½
Contorno de muñeca ...... ½
Largura deseada de la manga

MEDIDAS DE PANTALÓN

Contorno de cintura .... ¼.....
Contorno de cadera .... ¼..... ¹⁄₂₅
....
Bajada de cadera ....
Largo de tiro...................
Vuelta de tiro..................
Largo hasta rodilla...........
Largo hasta tobillo...........
Ancho de rodilla .... ¼.....
Ancho de tobillo .... ¼.....

Medida de comprobación:

Largo costura interior .....

Largura deseada del pantalón

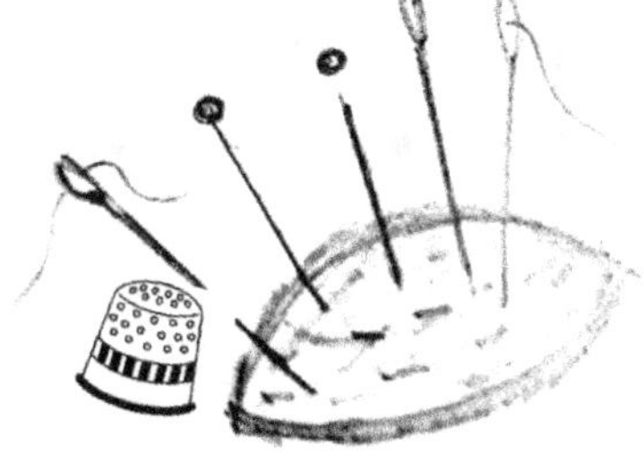

BOCETO DEL PROYECTO ✏️

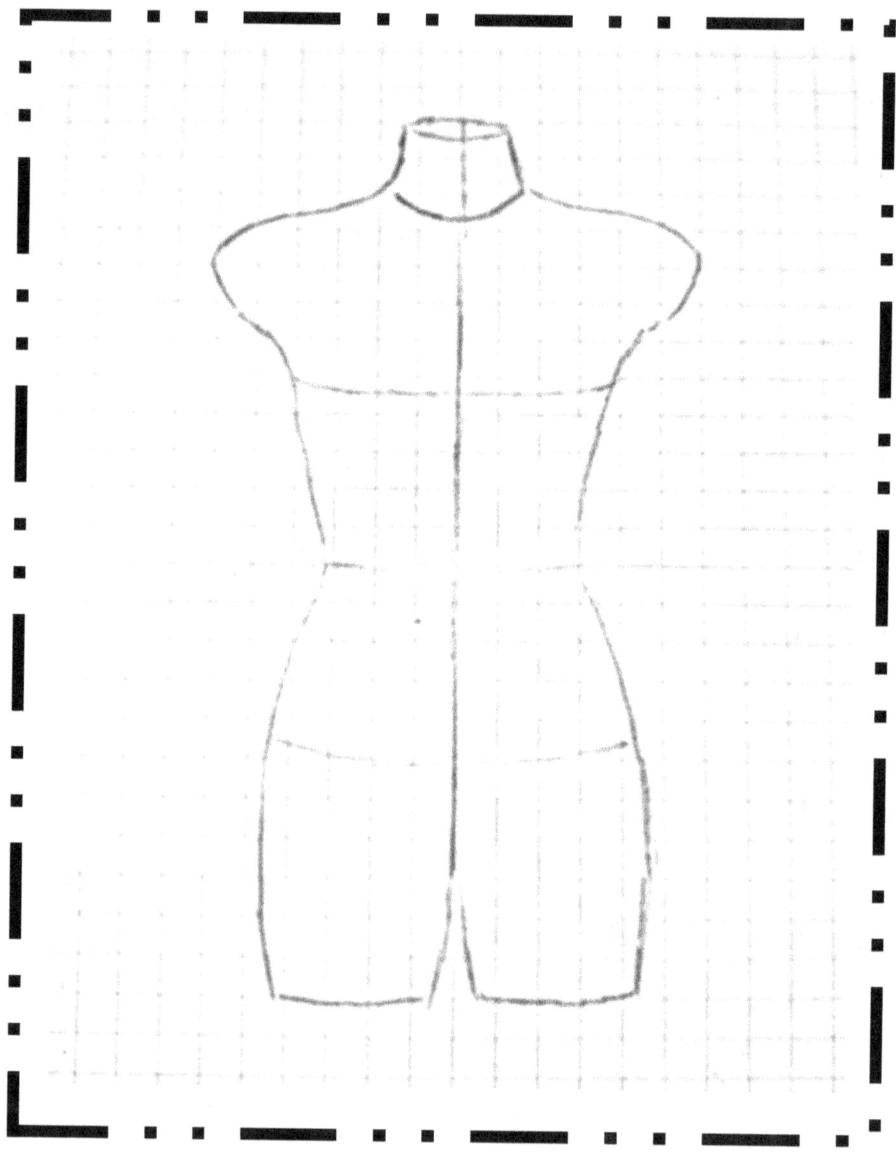

Nombre...

MEDIDAS DE CUERPO

Medidas unisex:

Largo talle espalda ....
Largo talle delantero.......
Ancho de espalda .... ½ ....
Costado............................
Largo de sisa ....
Contorno de pecho.......... ¼ ....
Largo de hombro.............
Contorno de cintura........ ¼ ....
Contorno de cadera......... ¼ ....
Bajada de cadera..............

Exclusivas de mujer:

Caída del pecho ....
Distancia entre pechos.... ½ .....

Medida de comprobación:

Cuello .... ½ .....
Largo de escote ....

Largura de la prenda......

MEDIDAS DE FALDA

Contorno de cintura........ ¼
Contorno de cadera.......... ½ .....¼

....
Bajada de cadera ....

Largura deseada de la falda

MEDIDAS DE MANGA

Largo de brazo ....
Largo de codo ....
Contorno de brazo .... ½
Contorno de muñeca ...... ½
Largura deseada de la manga

MEDIDAS DE PANTALÓN

Contorno de cintura .... ¼.....
Contorno de cadera .... ¼..... ½25

....
Bajada de cadera ....
Largo de tiro...................
Vuelta de tiro..................
Largo hasta rodilla...........
Largo hasta tobillo...........
Ancho de rodilla .... ¼.....
Ancho de tobillo .... ¼.....

Medida de comprobación:

Largo costura interior .....

Largura deseada del pantalón

BOCETO DEL PROYECTO ✏️

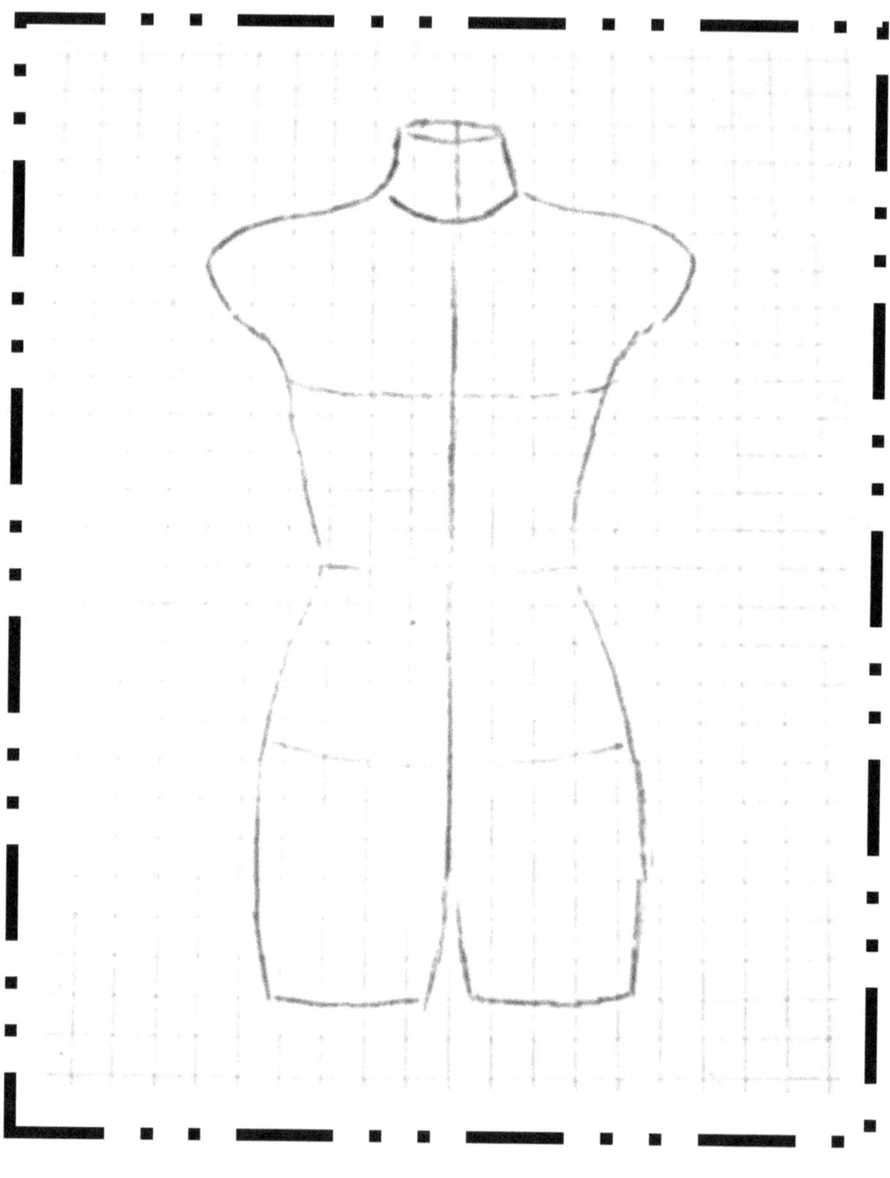

Nombre...

MEDIDAS DE CUERPO

Medidas unisex:

Largo talle espalda ....
Largo talle delantero.......
Ancho de espalda............ ½ ....
Costado...........................
Largo de sisa ....
Contorno de pecho.......... ¼ ....
Largo de hombro.............
Contorno de cintura........ ¼ ....
Contorno de cadera.......... ¼ ....
Bajada de cadera.............

Exclusivas de mujer:

Caída del pecho ....
Distancia entre pechos.... ½ .....

Medida de comprobación:

Cuello .... ½ .....
Largo de escote ....

Largura de la prenda......

MEDIDAS DE FALDA

Contorno de cintura........ ¼
Contorno de cadera......... ½ .....¼
....
Bajada de cadera ....

Largura deseada de la falda

MEDIDAS DE MANGA

Largo de brazo ....
Largo de codo ....
Contorno de brazo .... ½
Contorno de muñeca ...... ½
Largura deseada de la manga

MEDIDAS DE PANTALÓN

Contorno de cintura .... ¼.....
Contorno de cadera .... ¼ ..... ¹⁄₂₅
....
Bajada de cadera ....
Largo de tiro ....
Vuelta de tiro..................
Largo hasta rodilla...........
Largo hasta tobillo...........
Ancho de rodilla .... ¼.....
Ancho de tobillo .... ¼.....

Medida de comprobación:

Largo costura interior .....

Largura deseada del pantalón

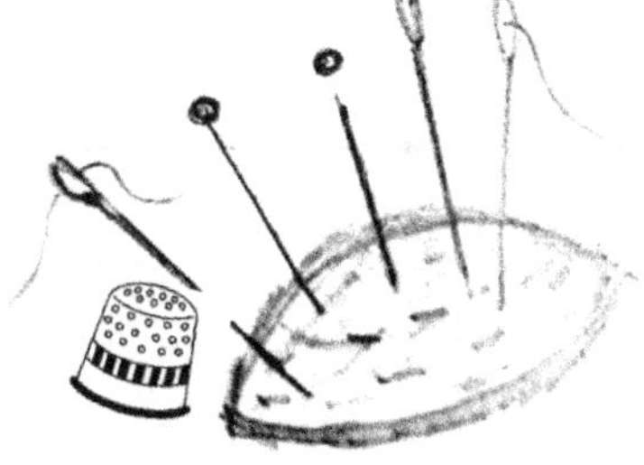

BOCETO DEL PROYECTO ✏️

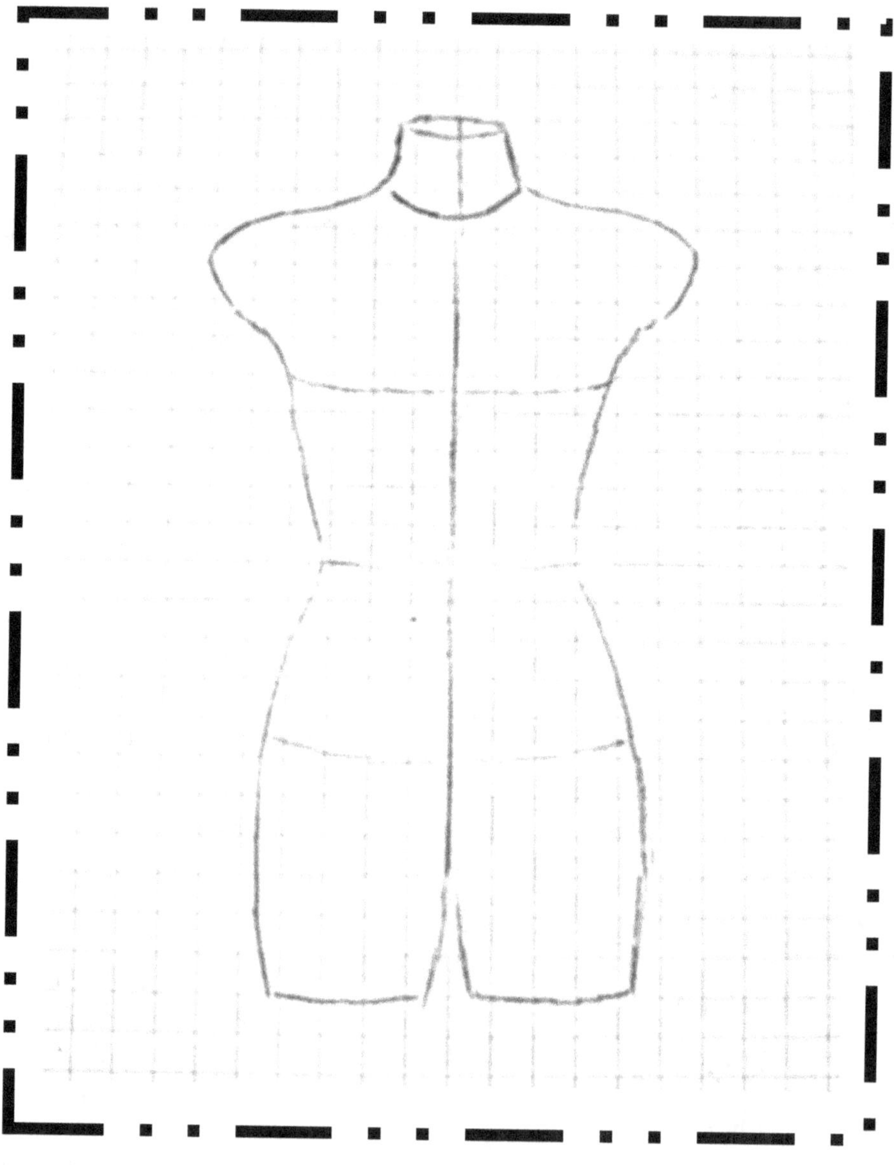

Nombre...

MEDIDAS DE CUERPO

Medidas unisex:

Largo talle espalda ....
Largo talle delantero.......
Ancho de espalda............ ½ ....
Costado.............................
Largo de sisa ....
Contorno de pecho.......... ¼ ....
Largo de hombro.............
Contorno de cintura........ ¼ ....
Contorno de cadera......... ¼ ....
Bajada de cadera..............

Exclusivas de mujer:

Caída del pecho ....
Distancia entre pechos.... ½ .....

Medida de comprobación:

Cuello .... ½ .....
Largo de escote ....

Largura de la prenda......

MEDIDAS DE FALDA

Contorno de cintura........ ¼
Contorno de cadera......... ½ .....¼
....
Bajada de cadera ....

Largura deseada de la falda

MEDIDAS DE MANGA

Largo de brazo ....
Largo de codo ....
Contorno de brazo .... ½
Contorno de muñeca ...... ½
Largura deseada de la manga

MEDIDAS DE PANTALÓN

Contorno de cintura .... ¼.....
Contorno de cadera .... ¼..... $\frac{1}{25}$
....
Bajada de cadera ....
Largo de tiro....................
Vuelta de tiro..................
Largo hasta rodilla...........
Largo hasta tobillo...........
Ancho de rodilla .... ¼.....
Ancho de tobillo .... ¼.....

Medida de comprobación:

Largo costura interior .....

Largura deseada del pantalón

BOCETO DEL PROYECTO ✏️

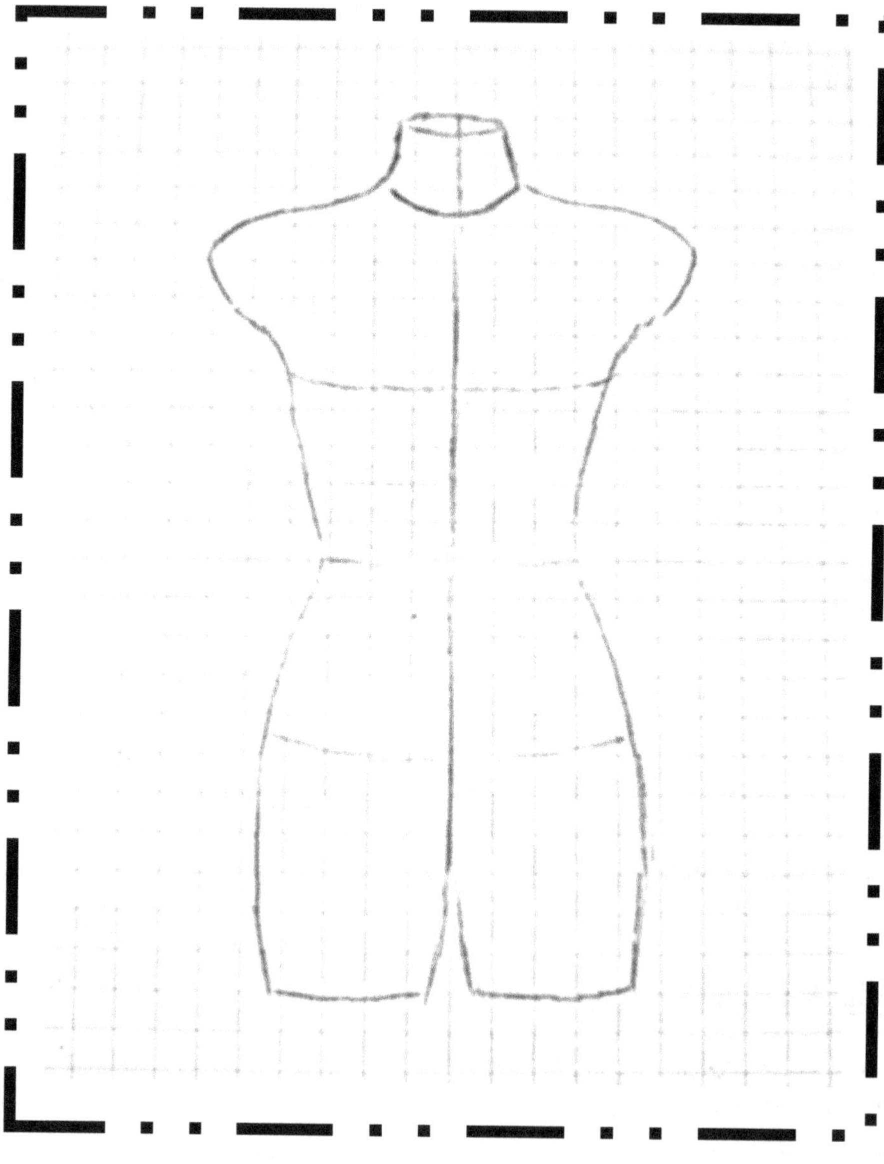

Nombre.......................................

MEDIDAS DE CUERPO

Medidas unisex:

Largo talle espalda ....
Largo talle delantero.......
Ancho de espalda............ ½ ....
Costado..........................
Largo de sisa ....
Contorno de pecho.......... ¼ ....
Largo de hombro............
Contorno de cintura....... ¼ ....
Contorno de cadera......... ¼ ....
Bajada de cadera.............

Exclusivas de mujer:

Caída del pecho ....
Distancia entre pechos.... ½ .....

Medida de comprobación:

Cuello .... ½ .....
Largo de escote ....

Largura de la prenda......

MEDIDAS DE FALDA

Contorno de cintura........ ¼
Contorno de cadera......... ½ .....¼
....
Bajada de cadera ....

Largura deseada de la falda

MEDIDAS DE MANGA

Largo de brazo ....
Largo de codo ....
Contorno de brazo .... ½
Contorno de muñeca ...... ½
Largura deseada de la manga

MEDIDAS DE PANTALÓN

Contorno de cintura .... ¼.....
Contorno de cadera .... ¼..... ¹⁄₂₅
....
Bajada de cadera ....
Largo de tiro...................
Vuelta de tiro..................
Largo hasta rodilla...........
Largo hasta tobillo...........
Ancho de rodilla .... ¼.....
Ancho de tobillo .... ¼.....

Medida de comprobación:

Largo costura interior .....

Largura deseada del pantalón

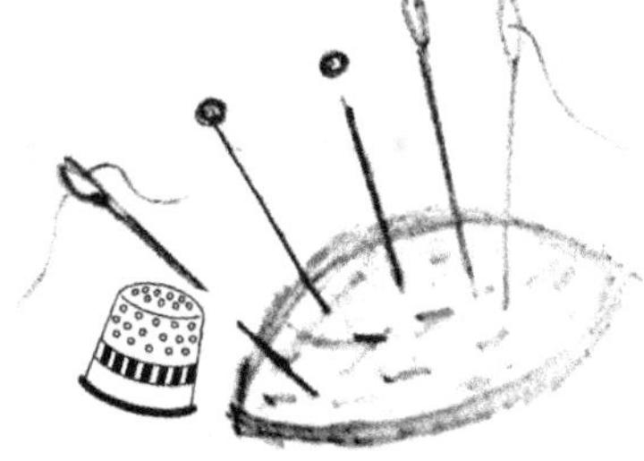

BOCETO DEL PROYECTO ✏️

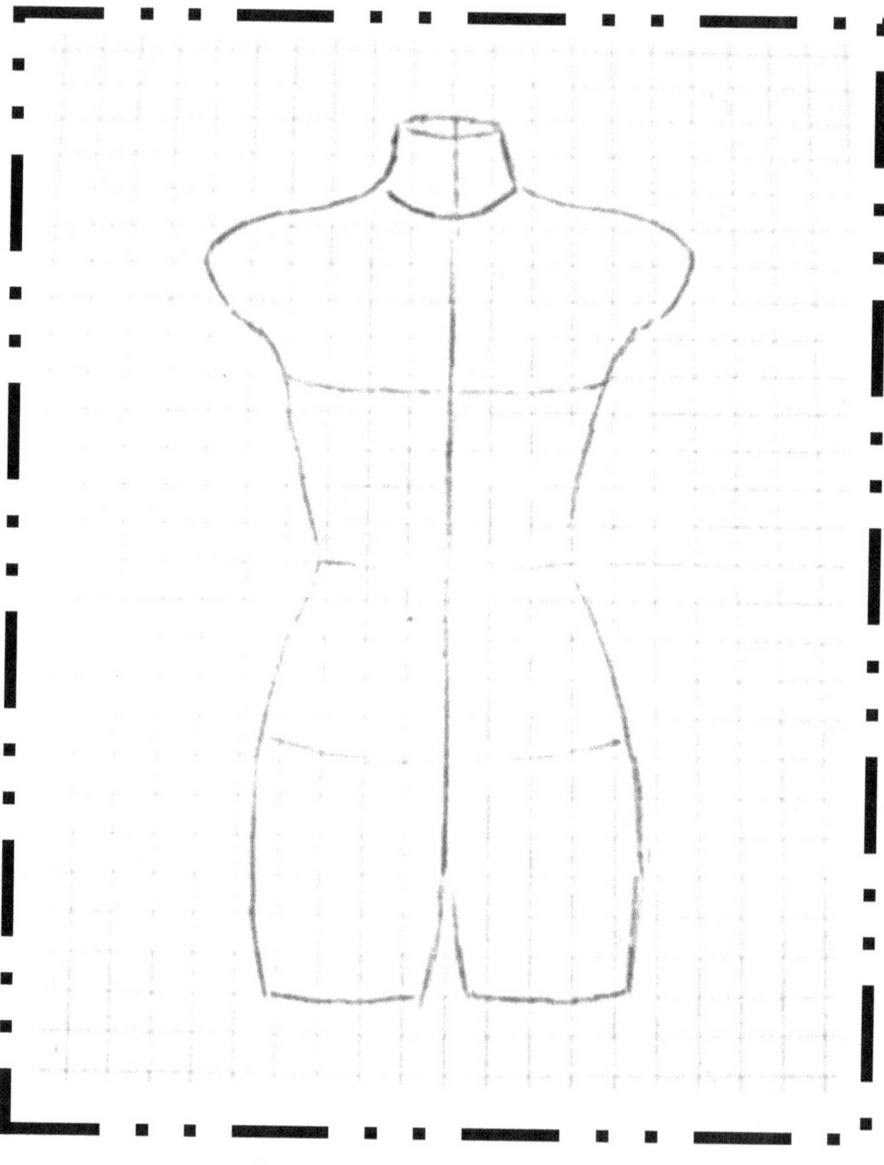

Nombre . . . .

MEDIDAS DE CUERPO

Medidas unisex:

Largo talle espalda ....
Largo talle delantero ....
Ancho de espalda .... ½ ....
Costado ....
Largo de sisa ....
Contorno de pecho .... ¼ ....
Largo de hombro ....
Contorno de cintura .... ¼ ....
Contorno de cadera .... ¼ ....
Bajada de cadera ....

Exclusivas de mujer:

Caída del pecho ....
Distancia entre pechos .... ½ .....

Medida de comprobación:

Cuello .... ½ .....
Largo de escote ....

Largura de la prenda ......

MEDIDAS DE FALDA

Contorno de cintura .... ¼
Contorno de cadera .... ½ ..... ¼
....
Bajada de cadera ....

Largura deseada de la falda

MEDIDAS DE MANGA

Largo de brazo ....
Largo de codo ....
Contorno de brazo .... ½
Contorno de muñeca ...... ½
Largura deseada de la manga

MEDIDAS DE PANTALÓN

Contorno de cintura .... ¼ .....
Contorno de cadera .... ¼ ..... ¹⁄₂₅
....
Bajada de cadera ....
Largo de tiro ....
Vuelta de tiro ....
Largo hasta rodilla ....
Largo hasta tobillo ....
Ancho de rodilla .... ¼ .....
Ancho de tobillo .... ¼ .....

Medida de comprobación:

Largo costura interior .....

Largura deseada del pantalón

BOCETO DEL PROYECTO ✏️

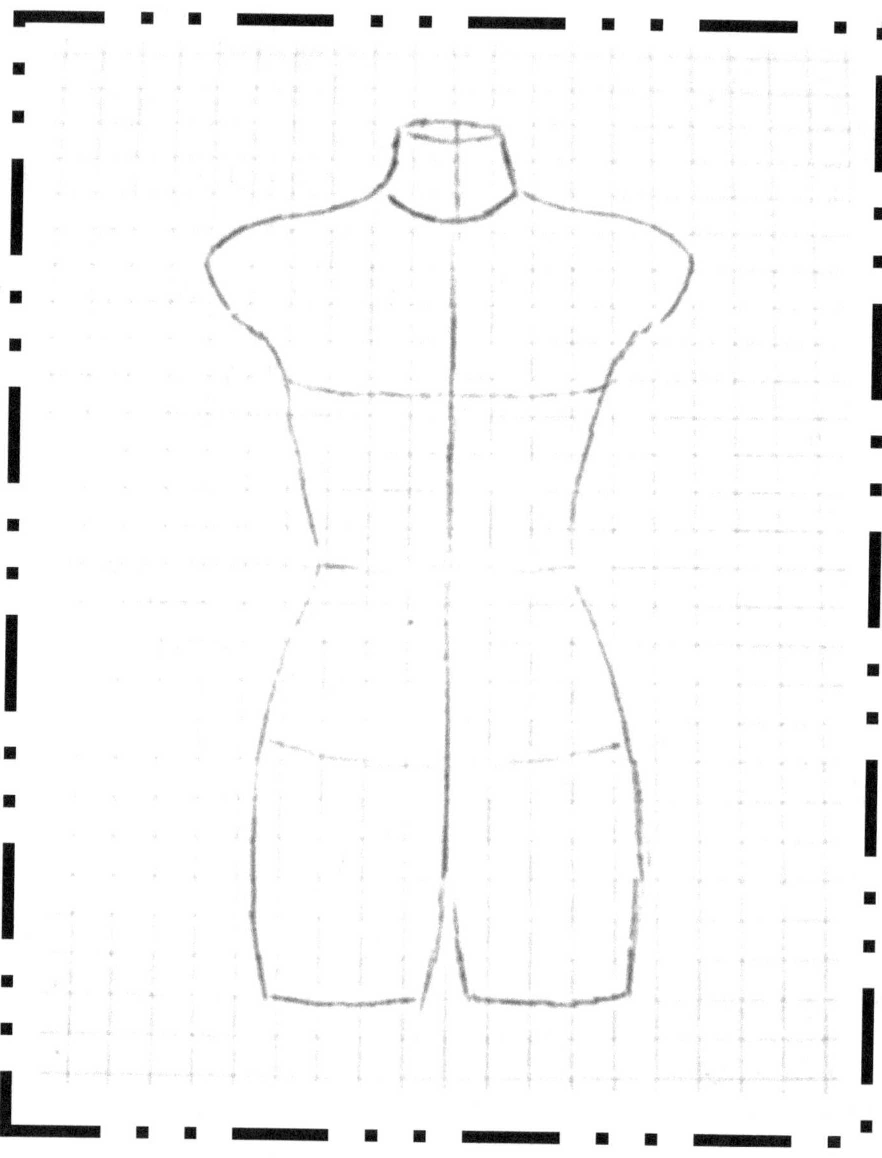

Nombre..

MEDIDAS DE CUERPO

Medidas unisex:

Largo talle espalda ....
Largo talle delantero.......
Ancho de espalda .... ½ ....
Costado.........................
Largo de sisa ....
Contorno de pecho.......... ¼ ....
Largo de hombro............
Contorno de cintura........ ¼ ....
Contorno de cadera......... ¼ ....
Bajada de cadera.............

Exclusivas de mujer:

Caída del pecho ....
Distancia entre pechos.... ½ .....

Medida de comprobación:

Cuello .... ½ .....
Largo de escote ....

Largura de la prenda......

MEDIDAS DE FALDA

Contorno de cintura........ ¼
Contorno de cadera......... ½ .....¼
....
Bajada de cadera ....

Largura deseada de la falda

MEDIDAS DE MANGA

Largo de brazo ....
Largo de codo ....
Contorno de brazo .... ½
Contorno de muñeca ...... ½
Largura deseada de la manga

MEDIDAS DE PANTALÓN

Contorno de cintura .... ¼.....
Contorno de cadera......... ¼..... ¹⁄₂₅
....
Bajada de cadera ....
Largo de tiro ....
Vuelta de tiro..................
Largo hasta rodilla..........
Largo hasta tobillo..........
Ancho de rodilla .... ¼.....
Ancho de tobillo .... ¼.....

Medida de comprobación:

Largo costura interior .....

Largura deseada del pantalón

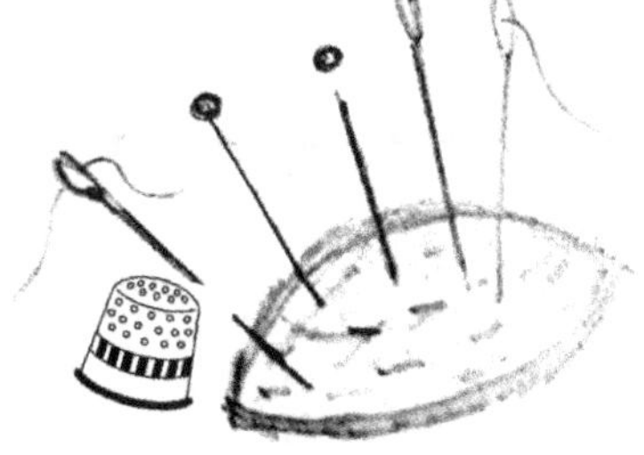

BOCETO DEL PROYECTO

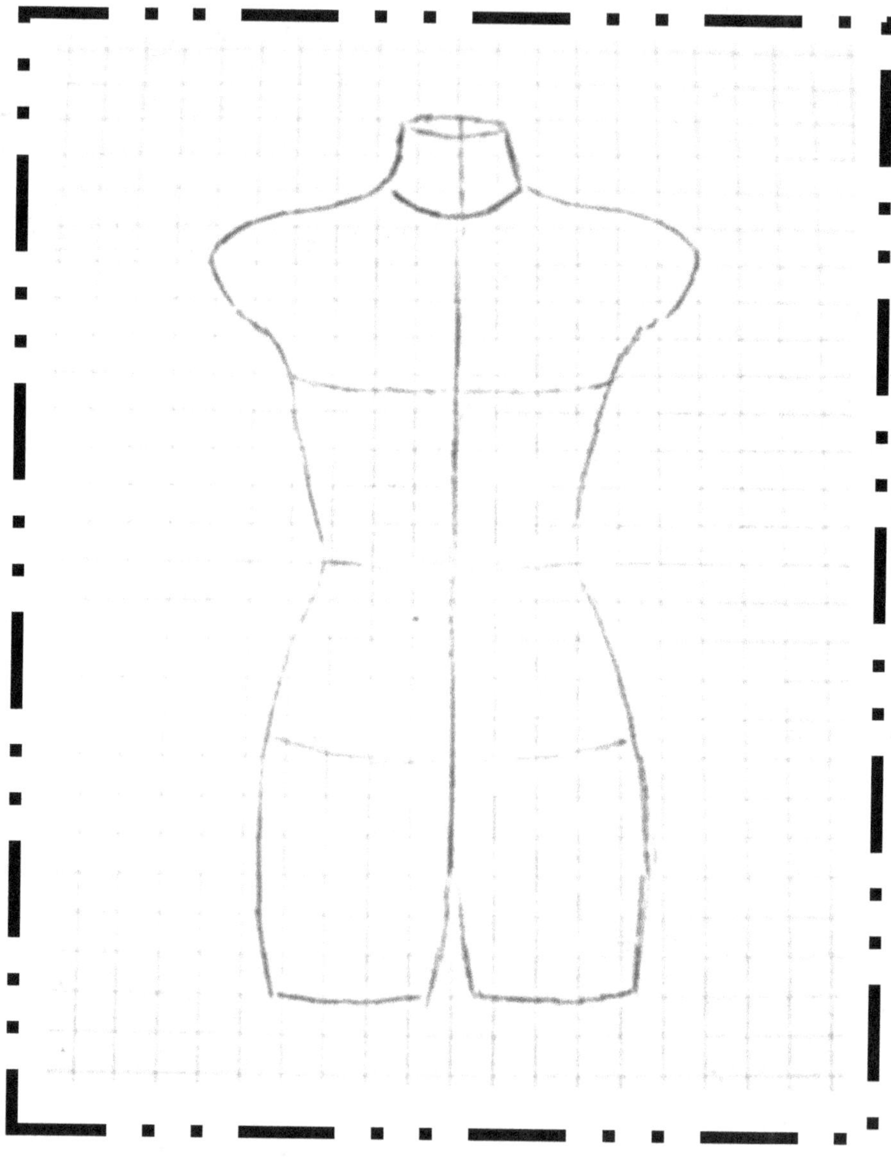

Nombre..

MEDIDAS DE CUERPO

Medidas unisex:

Largo talle espalda ....
Largo talle delantero.......
Ancho de espalda............ ½ ....
Costado.........................
Largo de sisa ....
Contorno de pecho.......... ¼ ....
Largo de hombro............
Contorno de cintura........ ¼ ....
Contorno de cadera......... ¼ ....
Bajada de cadera.............

Exclusivas de mujer:

Caída del pecho ....
Distancia entre pechos.... ½ .....

Medida de comprobación:

Cuello .... ½ .....
Largo de escote ....

Largura de la prenda......

MEDIDAS DE FALDA

Contorno de cintura........ ¼
Contorno de cadera......... ½ .....¼

....

Bajada de cadera ....

Largura deseada de la falda

MEDIDAS DE MANGA

Largo de brazo ....
Largo de codo ....
Contorno de brazo .... ½
Contorno de muñeca ...... ½
Largura deseada de la manga

MEDIDAS DE PANTALÓN

Contorno de cintura .... ¼.....
Contorno de cadera .... ¼..... ½25

....

Bajada de cadera ....
Largo de tiro....................
Vuelta de tiro...................
Largo hasta rodilla...........
Largo hasta tobillo...........
Ancho de rodilla .... ¼.....
Ancho de tobillo .... ¼.....

Medida de comprobación:

Largo costura interior .....

Largura deseada del pantalón

BOCETO DEL PROYECTO ✏️

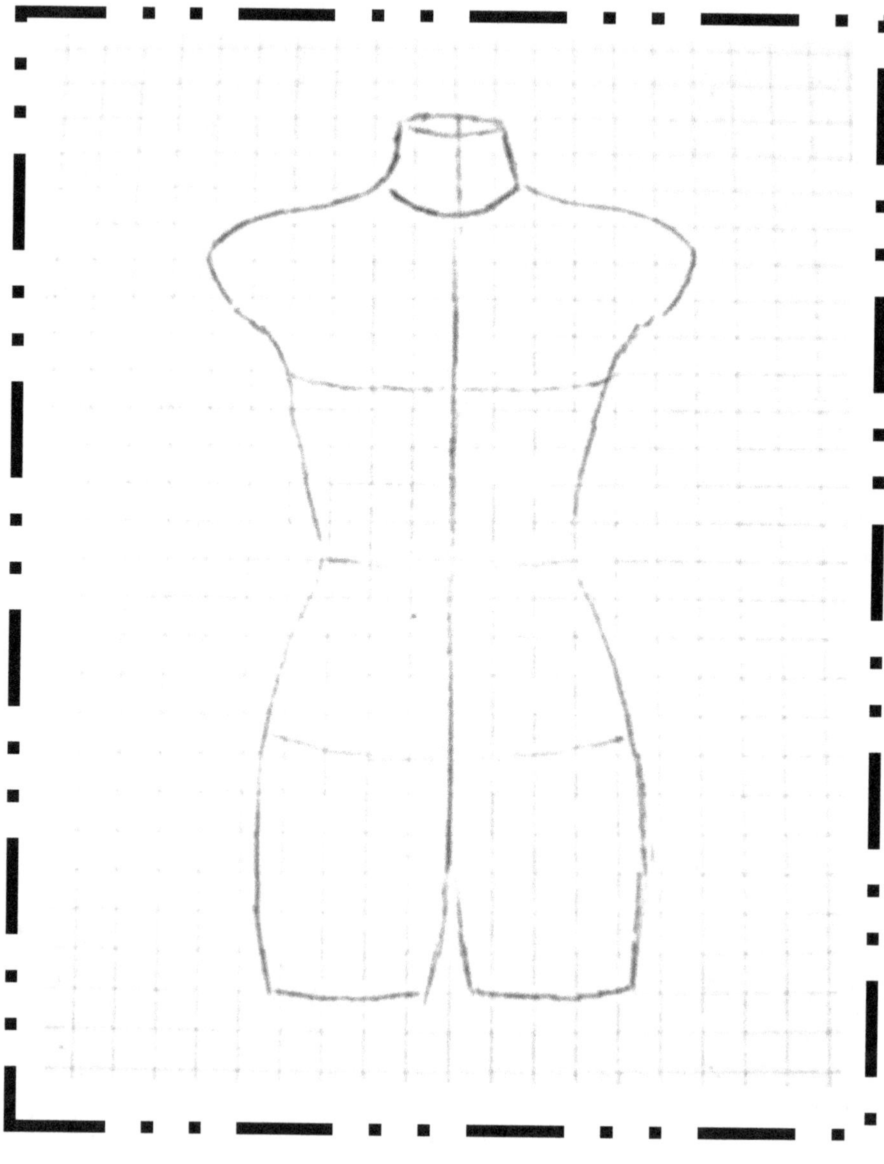

Nombre..

MEDIDAS DE CUERPO

Medidas unisex:

Largo talle espalda ....
Largo talle delantero ....
Ancho de espalda .... ½ ....
Costado ....
Largo de sisa ....
Contorno de pecho .... ¼ ....
Largo de hombro ....
Contorno de cintura .... ¼ ....
Contorno de cadera .... ¼ ....
Bajada de cadera ....

Exclusivas de mujer:

Caída del pecho ....
Distancia entre pechos .... ½ .....

Medida de comprobación:

Cuello .... ½ .....
Largo de escote ....

Largura de la prenda......

MEDIDAS DE FALDA

Contorno de cintura .... ¼
Contorno de cadera .... ½ .....¼
....
Bajada de cadera ....

Largura deseada de la falda

MEDIDAS DE MANGA

Largo de brazo ....
Largo de codo ....
Contorno de brazo .... ½
Contorno de muñeca ...... ½
Largura deseada de la manga

MEDIDAS DE PANTALÓN

Contorno de cintura .... ¼.....
Contorno de cadera .... ¼..... ¹⁄₂₅
....
Bajada de cadera ....
Largo de tiro ....
Vuelta de tiro ....
Largo hasta rodilla ....
Largo hasta tobillo ....
Ancho de rodilla .... ¼.....
Ancho de tobillo .... ¼.....

Medida de comprobación:

Largo costura interior .....

Largura deseada del pantalón

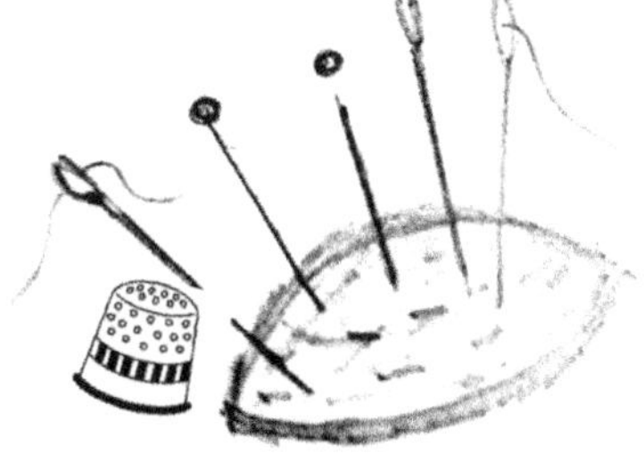

www.ingramcontent.com/pod-product-compliance
Lightning Source LLC
Chambersburg PA
CBHW081836250726
48659CB00008B/2471